なぜあの地域には
ラグジュアリー旅行者が
訪れるのか

事例で紐解く
高付加価値旅行者誘客のための
マーケティング戦略

BOJ株式会社 代表取締役
野口貴裕

ダイヤモンド社

はじめに

石川県の小松市に行けば、「酒造りの神様」に会えます。

小松市の酒造企業「農口尚彦《のぐちなおひこ》研究所」。空港も新幹線駅も存在する小松市ですが、山の中にあるためアクセスは容易ではありません。

しかし、有料の見学コースでは、日本酒ファンがガラス越しに熱心なまなざしを注いでいます。

杜氏《とうじ》の農口尚彦さんは、御年92歳。今も現役で酒造りに取り組んでいらっしゃいます。見学コースでは、三代にわたる農口さんの酒造りの歴史を通して、日本酒の知識を深く学べます。

それだけではありません。モダンジャパニーズデザインで設《しつら》えられたテイスティングルーム「杜庵《とうあん》」が用意されていて、さまざまなタイプの日本酒を、美しい、そして落ち着いた環境で試飲することができます。

隣接している廃校となった小学校は、自治体と民間の協力によって、地元の食材を使った料理と素晴らしい宿泊体験を提供するオーベルジュに生まれ変わっています。

この地も、見方によっては、深刻な過疎に苦しんでいる地域と捉えることもできるかもしれません。

しかし今は、たとえば私のように、欧米の富裕層からリクエストを受け、特別感、ラグジュアリー感のある日本旅行を提案している立場から見れば、「日本酒に関心がある」という富裕層に、自信を持っておすすめできる観光コンテンツに変貌しています。

＊　＊　＊

この本は、インバウンド誘客、観光コンテンツ作りに関心がある一方で、知見の不足に悩んでいる公的セクター、観光ビジネスの関係者の方のために、欧米富裕層向けの日本旅行を専門的に扱っている私が、近年の状況を述べながら、地域に合った観光コンテンツ作りのサポートを目指すものです。

数十億円、数百億円規模の資産を持ち、1日で数十～数百万円の消費も珍しくない富裕層。さらに外国人ともなると、どのような考え方をしていて、どう動き、どんなコンテンツを好むのか、なかなか想像が難しい対象です。

しかし、彼らは今、着実に観光対象としての日本の魅力に気づき始めています。2度目、3度目の来日ともなれば、東京や京都だけでなく、自分の興味や関心、旅行スタイルに合った「自分だけの日本」を探し始めます。

もっと違う日本を探しているのです。

両者の間に立っている私の目には、富裕層を中心とした欧米人観光客を取り込み、地域のファンになってもらう大きなチャンスが今こそ来ていると映ります。

何よりこの動きは、衰退ばかり意識せざるを得なかった地域が流れを逆転させる、大きなチャンスになり得ます。

そのためには、地域の魅力をどのようにアピールしていくか、観光コンテンツとして整備していくかに関しての、マーケティング的な思考や戦略作りが欠かせません。

そこでこの本では、まず欧米富裕層観光客の動向や好みから観光の高付加価値化のヒントを探ります。続いて、皆さんがそれぞれの地域で観光コンテンツを作っていくためのマーケティング戦略の基礎を解説します。

そして、すでに日本で成功しつつあるさまざまな地域の取り組みや試行錯誤についても、述べていきたいと考えています。

今、本当の日本の魅力に気づいてしまった欧米富裕層が、目を輝かせながら日本での旅に思いを巡らしています。

彼らを地域に誘客することで、経済が活性化できるだけでなく、人が残り、育ち、そして地域が大切に守ってきた文化や伝統、自然環境を、後世にしっかり伝えていけるかもしれません。

同時に、富裕層に地域の魅力を訴えるには、質の高いコンテンツを作った上で、遠く海外にいる富裕層観光客にまで情報が届くルートを確保することも大切です。

そして、地域のよさを彼らに知ってもらうためには、まずは何よりも地域を愛する皆さんの力が絶対に必要です。

この本が、多くの地域で奮闘している皆さんの新しい発見につながれば、何より幸いです。

Contents

なぜあの地域にはラグジュアリー旅行者が訪れるのか
――事例で紐解く高付加価値旅行者誘客のためのマーケティング戦略――

序章

なぜ欧米富裕層を取り込めないのか?

第1章

アフターコロナ、インバウンドの何が変わったのか？

第2章 欧米豪の富裕層を見逃してきた日本

第3章

富裕層・高付加価値層とはどんな人たちなのか？

第4章

欧米富裕層を引きつけるマーケティング戦略入門

第5章

実例で学ぶ富裕層インバウンドマーケティング

序章

なぜ欧米富裕層を取り込めないのか?

急速に伸びている北米からのインバウンド需要

悪夢のようだったコロナ禍が終わり、インバウンドの需要はすでに大きく回復しています。2023年の訪日外国人旅行消費額は、コロナ禍前の2019年を10・2％上回る5兆3065億円となり、過去最高額となりました。人数ベースでも、2023年時点で2019年の約8割まで回復し、2024年は過去最高の3686万人強となり、これまでの過去最高だった2019年の3188万人強を約500万人上回りました。

世界中で旅行需要が急減速したコロナ禍の当時から、観光対象としての日本に対する期待が高かったことは報じられていましたが、ふたを開けてみればまさにその通りになったことになります。

一方、インバウンドの「中身」はかなり変化しています。

かつては圧倒的な存在感を示していた中国（メインランド）人の旅行消費額は、政治的な背景もあって2019年の半分にも届いておらず、人口面で圧倒的に少数の台

図表1　2023年の国籍・地域別にみる訪日外国人旅行消費額と構成比

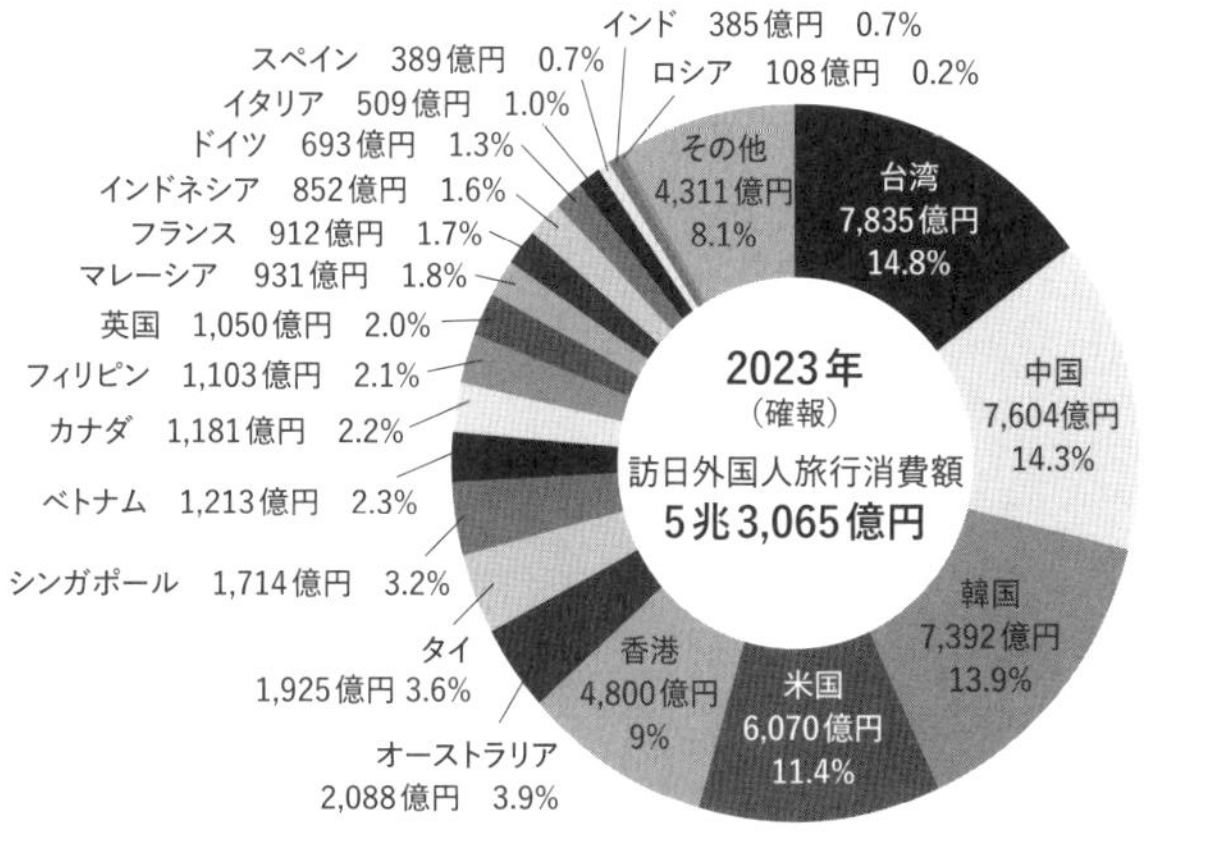

出所：観光庁「訪日外国人消費動向調査」

図表2　2019年の国籍・地域別にみる訪日外国人旅行消費額と構成比

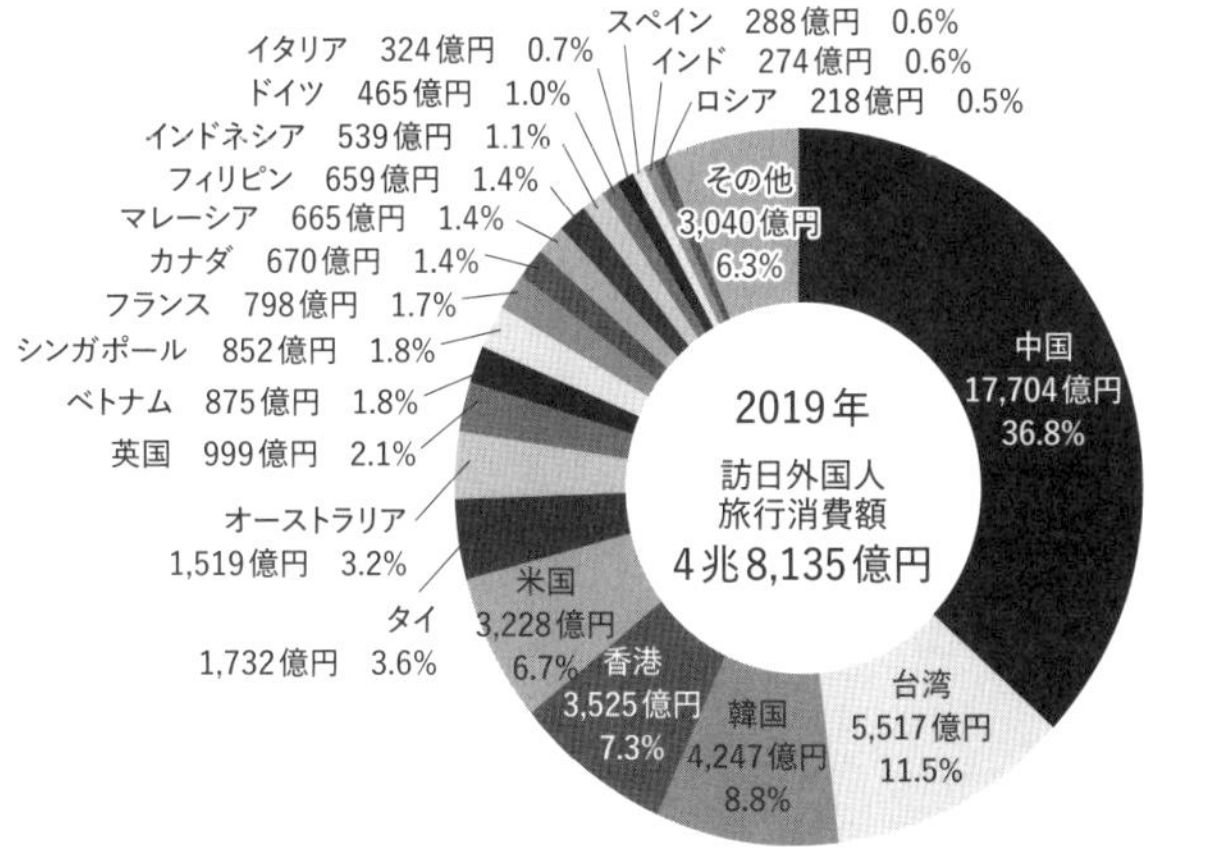

出所：観光庁「訪日外国人消費動向調査」

図表3　2019年→2023年の訪日外国人旅行消費額増減率

	消費総額（億円）	2019年比
全国籍・地域	**53,065**	＋10.2%
韓国	7,392	＋74.1%
台湾	7,835	＋42.0%
香港	4,800	＋36.2%
中国	7,604	−57.1%
タイ	1,925	＋11.2%
シンガポール	1,714	＋101.2%
マレーシア	931	＋40.1%
インドネシア	852	＋58.1%
フィリピン	1,103	＋67.4%
ベトナム	1,213	＋38.5%

	消費総額（億円）	2019年比
インド	385	＋40.7%
英国	1,050	＋5.2%
ドイツ	693	＋49.0%
フランス	912	＋14.3%
イタリア	509	＋57.2%
スペイン	389	＋35.2%
ロシア	108	−50.2%
米国	6,070	＋88.1%
カナダ	1,181	＋76.2%
オーストラリア	2,088	＋37.5%
その他	4,311	＋41.8%

出所：観光庁「訪日外国人消費動向調査」

湾、韓国とほぼ同等の水準にとどまっています。また、額こそ大きくはありませんが、ロシア人の旅行消費額も、同じく政治的な理由から2019年比で半減しています。

そして、この2国を除いては、軒並みどの国からも、インバウンド消費が大幅に増加しています。

とりわけ伸びが大きいのが、この本の主な対象となる北米のアメリカ（2019年→2023年で約88％増）とカナダ（同約76％増）です。

その詳しい背景は後ほど述べていきますが、まず考えられるのは、観光地としての日本の魅力が発見されつつあることに加え、やはり一時は歴史的水準ともいわれた円安による割安感です。

つまり、コロナ禍前は東アジアからの観光客がメインだった日本のインバウンドに、北米やオセアニア、さらにはヨーロッパからの需要が、コロナ禍を経て高まっていて、中国の落ち込み分を超える伸びを見せていることになります。

高級にすれば欧米富裕層が来るわけではない!?

また、インバウンド需要が再び盛り上がってくる中で、すでに全国あちこちでオーバーツーリズム（観光公害）への懸念や、それが実際に起きている様子が報じられています。入込客数（観光地点及び行祭事・イベントを訪れた者）だけに頼るインバウンドの限界は、コロナ禍前からすでに問題になっており、改めて同じ問題に直面していると言えます。

そこで考えられてきたのが、質の高い観光コンテンツやサービスの開発や提供によって富裕層の旅行客を誘客し、観光客1人当たりの収益を高める、いわゆる「富裕旅行」をいかに増やしていくか、ということでした。

しかし、全国の観光関係者と交流して観光の開発をお手伝いしながら、実際に欧米からの観光客と接触している私から見ても、富裕層以前に、自分の地域へ観光客を誘客できていない、できているという実感がわかないというのは、決して珍しくはない状況です。いくら統計を示されても、皆さんの地域に、アメリカ人やカナダ人の観光客、富裕層が目に見えて増え、旺盛に消費をしているでしょうか。残念ながら、現時点では必ずしもそうではないと推察します。

誘客がうまくいっていないと考えている地域の方々が抱えている典型的な悩み、あるいは問題意識は、たとえば次のような項目にまとめられます。

▼いろいろ手を打っているつもりだが、なかなか実績に結びつかない
▼供給しているコンテンツや広報活動に対する評価が高まらない
▼地域の観光コンテンツを高付加価値産業にするという考え方はわかるが、具体的にどうすればいいかわからない

確かに、何をもって「高付加価値の観光コンテンツ」とするのかも、実は容易ではありません。

富裕層は個性的で、お金の使い方もまた個性的だからです。

私たちは、自分の経験や常識に照らして、「高級」なるものに対するイメージを持っています。高級なのだから当然価格が高く、高いからこそ高級だと感じてもらえる――高級と言えば個室の貸し切りだろう――私たちの地域で長年高級と評価されてきたものを海外のお客さまにも提供した――。とりわけ、どうしても先走ってしまうのがプライシング（価格戦略）です。

価格が高ければ高いほど高級だ、裏を返せば高価なものを消費すること自体に価値を感じやすいのは、どちらかと言えばアジアの人によく見られるパターンです。

しかし欧米富裕層の多くは、端的に言ってお金の使い方に対しては、まるでビジネスにおける投資のような厳しい視点を持っています。一つのコンテンツに数十万円を払える力は持っていても、それが自分自身の新しい経験や価値、刺激や発見などに結びつかなければ目もくれません。もちろん、他人に推薦などしてくれないでしょう。

闇雲に価格を上げ、欧米の人たちが容易には理解できないコンテンツをいくら提供したところで、それが本当によいものであったとしても、よい出会い、よい結果には結びつきにくいわけです。

富裕層誘客は、難しいからこそ大チャンス

難しいとお考えになるかもしれませんが、同時にここには、大きなチャンスも隠れています。

富裕層を含む欧米からの観光客は、その多くが、まだ訪日の回数が少なく、ほとんどは1度目の段階です。そして、日本全体に対する観光地としての評価は、前評判の通り、あるいは私たちが考えている以上に高いと言っていいでしょう。

つまり、欧米の観光客が初めて触れた日本を少しずつ理解し、楽しみ方を知り、日本を再度訪れるようになるのは、まさにこれからが本番だということです。

もう一つ、見逃せないポイントがあります。初めて日本にやってきた人ほど、最初は定番中の定番コース、いわゆるゴールデンルートをたどることになる点です。

ゴールデンルートには見逃せないコンテンツがたくさん詰まっていますし、よく開発もされています。事前に得られる情報も多く、慣れていない人でも安心して旅行できます。何せ欧米人にとって、「初めての日本」は、言葉の通じにくい遠い異国だからです。

その中で数週間日本旅行を経験すれば、知識も深まり、いろいろな仕組みやシステムの違い、そこでの楽しみ方や過ごし方を理解します。同時に、自分自身にとっての「お気に入りの日本」を発見した人が、リピーターとなって再び来日してくれる可能性も高まります。

たとえば、ゴールデンルートにはたいてい富士山が絡みますが、その美しさに心を奪われた人なら、より近くで、より長い期間富士山を見たいと考えるようになるかもしれません。その人が富裕層なら、それなりのレベルのホテルや、泊まること自体に新しい体験が伴う宿泊施設を探したりするでしょう。また、富士山の美しさや人気の背景は何なのか――、富士山に登ってみたらどうなるのか――、富士山の近傍《きんぼう》に住む地元の人々が富士山とともに日々どのような生活を送っているのか――、スポーツや文化的な面からも探求したいと考えるでしょう。

このように、すでに強い関心を持っていて、もっと知りたい、自分自身の好奇心や知識欲を満たすために、より新しい発見や体験を得たいと考えている富裕層は、私たちから見れば驚くような額であっても、喜んで支払ってくれる可能性が高くなります。

富裕層がどのくらいの予算でどんな行程をたどるかは、第3章で述べます。

富士山は、自然の魅力や宗教的な意味を持つコンテンツですが、富裕層個人が何に関心を持っているかはあくまで人それぞれです。美術かもしれませんし、スポーツかもしれません。アクティブな人もいればリラックスしたい人もいますし、サブカルチャーに心を奪われている人もいるでしょう。親子三代の家族旅行で、孫の関心事が一番重要視されている場合もあります。

一般層の観光客は、一般的な観光コンテンツを巡るケースが多いのに対して、富裕層は、自分の関心事を刺激されるのであれば、私たちが見逃しているようなコンテンツを評価し、驚くような消費意欲を見せることになります。

ただし、きっかけはあくまで自分自身の関心であって、非常に個人的です。豪華絢《けん》爛《らん》な個室で高級食材のコース料理を提供されるよりも、フレンドリーな居酒屋を好む富裕層もいます。その冒険心を英語でサポートしてくれるガイドに対する報酬が、個室で高級料理を味わう際に支払う代価と同等であっても、決しておかしくはありません。

高級車で観光地を快適に移動するより、自転車で地元の人しか通らないような道を旅しながら、地元の人ととりとめのない会話をすることが最高のぜいたくかもしれません。露天風呂にニホンザルが浸かっているたった一枚の写真を見て衝撃を受け、そのシーンを実際に見たいがために、わざわざ交通の不便な長野県の山奥まで訪れる人もいます。

いくら私たちが「これはいいものです」と押しつけても、実際にその価値があったとしても、彼ら自身が好まなければ、お金を支払うことはないでしょう。同時に、富裕層には一般的な広報活動や宣伝がなかなか通じにくいとも言えます。

つまり、日本旅行に強い魅力を感じたリピーターの観光客の中でも、相対的に富裕層の多い欧米人こそが、これから日本の各地域が狙うべき対象だと断言できます。2度目以降の来日では視野も広がり、むしろゴールデンルート以外の地域にチャンスが巡ってきます。

そのためには、できるだけミスマッチをなくし、より需要と供給が一致しやすいような仕組み作りを戦略的に考えていくことが大切です。地域の実情と魅力、弱みと強みを把握しながら、戦略を練ることが重要となります。

それがまさに、この本のメインテーマです。

日本を、イタリアやフランスのような観光大国に

私は現在、BOJ株式会社という旅行会社を経営しています。

ツアー事業では、富裕層向けに特化したDMC（デスティネーション・マネジメント・カンパニー＝地域に精通し、地域とともに観光商品の開発、販売を行う企業）として、欧米豪富裕層向けにテーラーメイドで特別感ある旅程をデザインし、アレンジしています。またBOJは、「Virtuoso《ヴァーチュオソ》」という世界の富裕層向け観光事業者のコンソーシアムにおける、日本ではまだ数少ないメンバーでもあります。

体験事業では、主に日本文化の体験に特化したオプショナルツアーを販売しており、年間3万人に販売実績があります。

そして、これらで得られた知見を生かしたコンサルティング事業を行っています。官公庁、自治体、民間企業向けに欧米旅行者誘客のための各種コンサルティングや送客支援、訪日富裕層を取り込みたいと考える飲食店や新たに開業する（またはリノベする）宿泊施設へのコンサルティングサービスなどを実施しているほか、地域への送客に注力していきたいと考えています。インバウンドを通じて地域にお金を落として

もらうことで、その地域独自の伝統や文化の継承、若年層の取り込みや雇用の創出など、地域におけるさまざまな課題解決に貢献したいと強く思っています。

2024年9月には沖縄に特化した地域DMCを立ち上げ、「LUXE《ラックス》 OKINAWA《オキナワ》」というブランドで展開を開始しています。つまり私たちは、日本文化に関心のある富裕層観光客向けに特化したビジネスを得意としていることになります。

私は観光業の「外側」から入ってきた人間です。中学卒業後にカナダに留学し、高校～大学卒業までのおよそ8年間を過ごしました。オタワ大学でマーケティングを学び、マーケティングリサーチ会社を経てソニーに入社、アメリカに赴任して現地での車載機器事業を統括しながら4年を過ごし、合計で12年間の北米居住歴があることになります。

そんな人間がなぜ観光の世界にやってきたのか、確かに自分で振り返ってもやや特異なパターンかもしれません。

私自身、中学生の頃、初めてアメリカをホームステイで訪れて、海外の魅力に心を奪われた人間の一人です。文化や生活様式の違い、言葉の違い、人とのふれあい。そのすべてが面白く、日本の高校に進学せず海外に出ることへの迷いはありませんでした。旅行者としても、カナダ、アメリカ以外におよそ45カ国を旅してきました。

すると不思議なもので、自分が日本人であることを他人に説明すればするほど、自分が日本人であり、自分が何者なのかを説明するために日本の魅力をアピールしたいと思う気持ちが強まっていきました。

日本のものづくりや産業、文化、美しさなどについてどう説明すればわかってもらえるのかいろいろ工夫をしましたし、同時に同世代の級友たちが興味を抱いているのは、アニメや漫画、忍者など、サブカルチャーに大きく偏っているとも感じました。また当時は、今ほど日本の食文化に対する関心は高くなかったと記憶しています。

いずれにしても私は、10代の頃から日本の魅力をアピールしたいと思いながら、欧米の人たちがどんな関心を持って日本を見つめていて、どう説明するとわかってもらいやすくなるかを自然と体験してきたことになります。

大学でマーケティングを学び、帰国してマーケティングリサーチ会社に就職をしましたが、メーカーの仕事をするうちにメーカーで働くこと自体に魅力を感じ始め、ソニーに転職しました。そして今度はアメリカに渡り、サンディエゴを拠点に全米でカーナビやカーステレオなどの車載機器を販売するビジネスに関わりました。

ソニーでのキャリアはとても充実していて、成果も十分に満足できるものでした。ただ、あるエピソードをきっかけに、私は再び日本、そして日本の観光を強く意識することになったのです。

優秀な成績を上げてくれた取引先に、インセンティブとして旅行をプレゼントしていました。ある年の旅行の帰り道、常連となっている取引先（当然アメリカ人）の何人かに、いっそうの奮起を期待しながら来年はどこが旅行先だといいかを聞いて回ったところ、彼らの口から出たのは、カリブ海やモナコ、ギリシャ、イタリア、フランス……といったところばかり。ソニーが日本のメーカーであることも、その質問をしている私が日本人であることもお構いなしに、誰一人として「日本に行ってみたい」とは言わなかったのです。

ある意味それは、彼らの正直な気持ちであり、本当に日本に興味がないのだと考えるしかありませんでした。

日本にはたくさんの観光コンテンツや魅力的な文化がたくさんあるのに、せいぜい東京、京都、フジヤマ、ゲイシャ、ニンジャ程度で、そのほかはまったくといっていいほど知られていませんでした。イタリアに行きたい人、フランスに行きたい人が、それぞれの国の地域ごとにどんな魅力があるかにも詳しいのとは対照的でした。

少なからず、ショックでした。

私が日本人であるかどうかにかかわらず、決して日本の魅力がイタリアやフランスに劣っているとは思えませんでした。しかし、アメリカ人の考えの中に日本自体が存在していないのは、やはりマーケティングが不足しているからではないかと痛感したのです。

ならば、私が自分の力、特に得意なマーケティングと外国語の力を生かしながら、日本の文化や伝統、自然の魅力をお伝えして、日本を盛り上げていきたい……父親が経営者だったこともあり、私もいつかは起業してみたいという考えを持っていたのですが、そこに欧米人に対する日本の観光マーケティングという発想が結びつき、実際の起業につながっていきました。

起業当時はまさに徒手空拳、カリフォルニアでの生活から日本ではいっとき四畳半のアパートに暮らし、お恥ずかしい話ですが前年の税金も払えないような状況からス

元力士と行くウォーキングツアー

タートしました。売れるかどうかもわからない中で、まさに足で稼いでいろいろな方々と交渉し、日本の伝統や文化を体験できるプログラムの商品開発を進めました。

すると、ちょうど会社を始めてから1年ほど経った頃、「ビジット・ジャパン」の盛り上がりとともに来日客数が増え始め、並行して体験型のプログラムも軌道に乗りました。

最初に大ヒットとなったのは、歌舞伎町のロボットレストランの見学に食事がセットになった商品や、相撲の朝稽古見学から元力士による相撲ショー＋ちゃんこ鍋体験のプログラムなどでした。当時は角界と何もコネクションがなく、文字通り相撲部屋を一つひとつアポなしで訪問して作り上げたプログラムでした。

うまく回り始め、やりがいも手応えも感じていたビジネスでしたが、そこに突然起きたコロナ禍のために、一時期は売上がほぼゼロになってしまいました。

しかし、いずれコロナ禍は終わるという前提のもと、必ず回復するであろうインバウンド需要を見越して先手を打ちたいと考えている観光庁関係、地方自治体、観光協会やＤＭＯ（デスティネーション・マーケティング・オーガナイゼーション）、そして民間企業を対象としたコンサルティングやマーケティング戦略立案のサポート事業を本格的に開始しました。

欧米富裕層のキャッシュアウトの瞬間を追う

たくさんの方々との出会いを通じて、欧米観光客の視点でアドバイスするだけでなく、実際に開発した商品をどのように現地で旅行計画を検討している富裕層にまで届けるか、ルート作りのプロモーションまでお手伝いをしています。実際にマネタイズするところまでたどり着くことが重要です。なぜなら、私たちにとっても、日本の各地域にできるだけたくさんの観光商品、とりわけ欧米富裕層に響く商品のバリエーションが増えれば増えるほど有利だからです。

ここは、非常に重要なポイントだと考えています。インバウンドの世界にもさまざまな学識経験者や評論家の方がいらっしゃいますが、いくら戦略を考えても、それが最終的に収益に結びつかない限りは成功とは言えないのです。

私が、最後のマネタイズに持ち込むまでを重視し、また得意にしているのは、単に北米での生活やビジネス経験があり、語学や文化に通じているからだけではありません。仕事柄、常に欧米富裕層が実際に納得してお金を払う瞬間、いわばキャッシュアウトを伴う現場を目の当たりにしているからです。

これは反対に、どういうときにはお金を払いたがらないか、不満を見せるかもまたつぶさに観察できる立場にいることを意味します。

特に、これからそれぞれの地域でインバウンド需要を取り込みたい、とりわけ欧米富裕層を呼び込みたいと考えている方には、日本国内で語られている、評論家的なインバウンド事情にあまり惑わされないよう注意されることをおすすめします。

日本全体のインバウンドを考えることが重要ではないわけではありません。しかし、ある特定の地域が誘客できるかどうかは、日本全体のインバウンドのトレンド以上に、その地域の持っている魅力をいかに戦略的にとりまとめ、アピールしていくかにかかっています。あるいはライバルは日本のほかの地方だけではなく、トスカーナやサルデーニャ島かもしれないし、カリフォルニアやカリブ海沿岸かもしれないのです。

この点をうまく戦略化することで、日本のインバウンド、日本の地方の観光は、今以上の可能性を十分に発揮できるようになると確信しています。そのためには、人的なネットワークも含めた地域の力が試されます。

また、富裕層の旅行ニーズと地域の特性や魅力をうまくマッチさせることで、地域経済自体の成長可能性も、よりポジティブな方向へと向かい始めるでしょう。

そこでまずは、私たちが知っているようで実はほとんど知らない、欧米富裕層の考え方や行動、そしてインバウンドの最新トレンドについて解説していきたいと思います。

第1章

アフターコロナ、インバウンドの何が変わったのか?

「行ってみたい国」になった日本

皆さんにとっても、私にとっても厳しい試練となったコロナ禍ですが、コロナ禍以前のインバウンド需要と、「国境開放」後の現在まで続いているコロナ禍後のインバウンド需要を比較すると、いくつか変化している重要なポイントがあります。

日本のインバウンド回復は、ある時点から急激に進んだため、目の前のお客さまに対応するだけで精一杯の方も少なくありません。私もその一人です。そうした方にとって、コロナ禍前後のインバウンドの違いを検証し、整理、分析する過程は後回しにされていると感じます。

なかには、序章で見てきたように統計の面でも裏打ちされている出来事がありますが、同時に、今まさに現場で起きているトレンドの変化もあると感じます。いわゆる「肌感覚」です。

まずこの章では、特に欧米富裕層について、現在のインバウンドにおける最新の状況を確認していきましょう。

日本に住む私たちの感覚では、コロナ禍の終わり頃というのは2022年と考えられています。並行してインバウンドの緩和も段階的に行われましたが、本格化したのはその年の10月以降です。一方、その頃、欧米ではすでにコロナ禍は過去の話となっていて、抑えられていた観光需要が爆発している状況でした。

私のもとには「いったい日本はいつ『国境を開放』するのか？」「政府の動きはどうなっているのか？」などという、時期の見通しを尋ねる問い合わせが引きも切らない状況でした。

コロナ禍の最中に「日本を訪れたい外国人が増えている」とか、「アフターコロナの観光先で最も人気があるのは日本だ」などというニュースを聞いて、少し大げさに思ったり、身びいきの類いだと考えていたりした人もいらっしゃるかもしれませんが、これはおおむね事実だったと言っていいでしょう。

東アジア、東南アジア、オセアニアが需要の中心だったコロナ禍前とは異なり、北米やヨーロッパ、遠くは南米からの引き合いも増えています。

たとえば、ブラジルの富裕層を扱う旅行会社からは継続的に問い合わせが続いていました。貧富の差が大きいブラジルには、超のつく富裕層も少なくありません。それでも地球の裏側に住んでいる彼らが、わざわざ飛行機で25時間以上もかかる日本に興味を示すのは、コロナ禍で抑えられていた海外旅行の欲求が、いったんは欧米やアフリカ、中東などで満たされたものの、すでに行けるところはほとんど行き尽くしてしまったからです。これは、ブラジル以外の人々も同じ傾向でした。

むしろ、「最後まで国境を開かなかった」日本に行ってみたいという欲求が、今考えれば逆に半ば神秘的な宣伝効果を持っていたようにも思います。2022年前半において、日本は「どんなに行きたくても、お金を出しても、なかなか行けない国」だったからです。

そして、外国人観光客の受け入れが再開されるやいなや、「行けるときに行っておかなくては」とでも表現すべき、焦燥感のようなものも働いたと感じます。またいつ、「国境」が閉まってしまうかわからないというわけです。

こうした動きは、私も実感していました。というのも、2023年に欧米で行われた商談会でこのようなニーズを聞いていたからです。

この「商談会」とは単なる観光フェアのようなものではなく、欧米で行われている、富裕層向け旅行会社だけが集まる催しを指しています。

この催しには、そもそも参加するための基準があり、取引している海外の旅行会社のリファレンスを出し、売上規模、強みなど、さまざまな情報を提供して審査が行われます。バイヤー側にも同様の審査があるため、結果的に「基準を満たした人たち」だけが集まる商談会となります。つまり、そこで交わされている情報はかなり確度が高いことになります。

この「欧米における富裕層向け旅行商談会」について聞かれることが多いのでここで述べておきますと、こうした商談会では事前にアポイントマッチングを行い、たとえば3日間くらいであれば約40の商談が行われます。1商談あたりの時間は20分程度のことが多く、限られた時間の中でいかにテンポよく訴求できるかがキーとなります。

私たちの場合、日本全国をカバーしているため、紹介したいことは山のようにあるものの、その中からBOJの強みや魅力を理解してもらえるよう厳選して話をしなければなりません。また、一方通行でこちらが言いたいことだけを述べても、相手が望んでいない内容であれば意味がありません。私は相手の企業がどんな客層を抱えていて、どんな課題を持っているのか、短い時間で理解するよう試みた上で、瞬時に相手が求めるような情報を頭の中で整理してから話すようにしています。常に相手目線で柔軟に機転を利かせながら話すことで、DMCとして幅広く対応可能という点をアピールしています。

これまでに、私たちは1000回以上の商談をしていますが、経験がものを言う世界だと感じています。20分という限られた時間で、商談後にいきなり「ではこれから取引を開始しましょう」というパターンは多くはありませんし、必ず今後のビジネスにつながるとも限りませんが、まずは相手に覚えてもらえるよう注力しています。

交渉時も、企業同士、経営者同士のフィーリング、人付き合いという面があるため、どうしても「合う・合わない」の世界も生まれます。自分がどこまで譲歩するべきなのか、しっかり見極めた上で決断をしたほうがいいでしょう。

そして、商談をした相手にはフォローアップをすることも大切です。商談会後にきちんとフォローメールを送り、その後も情報を共有するなどして、連絡を定期的に取ることが大事だと感じます。

さて、2023年に話を戻しましょう。当時、現地の旅行会社の方たちに聞いた話を集約すると、この時点での人気海外旅行先トップ3は、日本、イタリア、スペインでした。決して身びいきではなく、あくまで第三者の視点で、そう感じられるという意見が大勢《たいせい》を占めていたのです。

ただし、欧米や南米から見れば、日本は遠く、時差も大きい国です。韓国や台湾、香港の人であれば、思い立ったらすぐに2泊3日などで来日しますが、富裕層ともなれば数週間〜1カ月以上の日程を組んでやってくることが当たり前のため、中長期で旅行の計画を考えています。予約だけしていて消化していない旅行もあるため、すぐに来日というわけにはいかないケースが大半です。そこで、2023年にかけて徐々に欧米からの観光需要が回復してきたということになります。

ラグビーワールドカップ、東京オリンピックの好影響

そこまで日本に対する欲求、あるいは好奇心や渇望が高まった大きな背景としては、2021年に開催された東京オリンピック、そしてコロナ禍で海外旅行ができなくなる直前の2019年秋に日本各地で開催されたラグビーワールドカップの影響が大きいと考えられます。

ラグビーワールドカップは、スポーツとしての特性上、1カ月以上の期間をかけ、試合の間隔を空けて行われます。熱心なラグビーファンはその時期に合わせて長期休暇を計画し、現地での試合と試合の合間には、家族や友人と観光を楽しむことが一般的です。

ラグビーは、語弊があるかもしれませんが、一般にイギリス連邦を構成する国に人気の高いスポーツです。彼らはそれまで必ずしも日本のインバウンドの中心的な存在ではありませんでしたが、ラグビー観戦を目的として日本にやってきたら、目当ての試合がない日にも思いのほかいい体験ができた——という形になりました。

そうした情報はSNSで共有され、動画や画像とともにファン同士の間で拡散されていきます。そこで日本旅行の魅力に触れた人が、では自分も次の休暇で……と考えていたら、コロナ禍がやってきてしまったのです。

そして、そのコロナ禍のまっただ中に開催された東京オリンピックは、来日できたファンがほとんどいなかった代わりに、圧倒的な数の視聴者が映像を通じて日本の光景を見ることになりました。

誰もが旅行に行きたいけれど、かなわない気持ちを抱えていた時期、日本が彼らの

「異国情緒」をかきたてる、格好の対象になったことは想像に難くありません。

日本の地域の中には、この時期に、SNSを通じてのプロモーションをうまく仕掛けられたところもあります。私がコンサルタントとしてお手伝いを続けていた、せとうち観光推進機構（せとうちDMO）は、その成果もあってかアフターコロナでは相対的に大きな富裕層の需要を獲得できています。

今考えてみれば、この時点で、日本の多くの地域に欧米富裕層を取り込めるポテンシャルが生まれていたと考えられます。

アフターコロナの意外なポイント

こうして、長く「国境」を閉ざしてきた日本でも、ようやく外国人観光客の受け入れが再開されて現在に至ります。

そして、私のように欧米の富裕層観光客からのリクエストに直に接する機会の多い立場からは、コロナ禍以前とアフターコロナで、数字では表しにくい違いがあるのではないかと感じられる項目がいくつかあります。もっとも、統計的に根拠を示せるわけではありませんし、むしろ統計で示せるようになる頃にはすでに古い話題になっている可能性があるともいえます。あくまで、現時点での私の「肌感覚」ベースで記していることをお許しください。

▼夫婦旅行→家族旅行／個人旅行に二分し始めている

欧米から遠く、時差も大きい日本にやってくる欧米人は、子育てを終え、ビジネスやお金の面でもある程度成功した、余裕のある比較的高齢の夫婦というのがコロナ禍前の「常識」でした。おおむね、50～70代くらいのイメージです。もちろん、現在も夫婦で訪れるパターンが一般的です。

一方、アフターコロナで日本にやってくる欧米系の富裕層観光客には、親世代＋子ども世代、あるいは三世代で一緒にやってくるケースが増えていると感じます。こうしたスタイルは、もともと東南アジアや中東の観光客に多かったのですが、あるいはコロナ禍を経て、家族が一緒に過ごすことの楽しさ、大切さが世界的に見直された結果なのかもしれません。

どんな国の人であろうと、子どもの笑顔や喜ぶ姿は、旅を左右する大切な思い出となります。ポケモンセンターのような孫が喜ぶ子ども向けの施設に、親や祖父母が連れていって旺盛に消費するという状況が生まれたり、反対に祖父母がゆっくり楽しめるような、滞在型かつ高級な観光商品が好まれたりしていると感じます。

同時に、やはり今まではそれほど目立たなかった欧米系観光客の個人での訪日も一般的になってきました。その影響は、次の項目とも関連がありそうです。

▼目的地や関心事が「深掘り」型になってきている

コロナ禍の間、関心事をじっくり調べる時間があったり、SNSや動画サイトなどで海外旅行をしたい気持ちを満たしていたりしたせいか、私たちの元に寄せられるオーダーが、コロナ禍前よりも細かく具体的になっていると感じます。旅行者の関心が高く、あらかじめ目的地が指定されていたり、あるジャンルを深掘りしたりするようなリクエストが目立つようになってきているのです。

私たちに寄せられるリクエストの形は人それぞれです。たとえば以前なら、「芸術が好き、伝統が好き、体験が好き」という来日富裕層に対して、「有名な陶芸家にマンツーマンで焼き物を学ぶコース」を提案する、といったパターンだったのに対し、アフターコロナではいきなり、「六古窯《ろっこよう》をすべて回りたい」とか、「加賀友禅の工房を訪ねてみたい」などといった、ピンポイントのリクエストが寄せられるようになりました。

こうした、高い関心を持っている観光客は個人の場合が多いとも言えます。一般に欧米の観光客が一人で来日するパターンはメジャーではありませんが、より個人的な、「私だけの日本」を見出している人が、富裕層の中にも増えていると思います。彼らはリピーターとしても非常に有力です。

今、インバウンド業界は圧倒的リソース不足

こうして考えてみると、日本のインバウンドは旺盛な需要を受けて順風満帆……となるはずですが、実際にはさまざまな問題が浮かび上がってきています。「うれしい悲鳴」と言ってはいられないような状況となりつつあり、このままではインバウンドの成長自体を阻害しかねないと危惧しています。

それは、圧倒的なリソースの不足です。つまり、需要に供給がまったく追いついて

いないのです。

まず、日本政府によるインバウンド緩和がかなりスピード感をもって行われたこともあり、コロナ禍で整理していた人材を補充できないまま、一気に来日観光客が増えたために圧倒的な人手不足となってしまいました。

これは、私自身も当事者と言えます。具体的に述べれば、「いつ日本に行けるようになるのか？」という問い合わせにばかり答えていた状況が、急に「日本に入国できる」ことになり、突然爆発的な需要が発生しました。もちろん、長い間待ち望んでいたことで、とてもうれしく、ありがたかったわけですが、正直に告白すれば、2022年の秋から、どうにかアフターコロナの体制を整えられるまでの半年間ほどは、文字通り睡眠時間を削っての対応が続き、生きた心地がしないほどでした。そうでもしなければ、とてもオペレーションを回しきれなかったのです。

日本中のインバウンド関係者が、恐らくは似たような状況の中で奮闘されていたと思います。2023年の夏頃になって、ようやくいったん落ち着きを見せましたが、現在でも、人手不足のために半年ほどは新規の予約を受けられなかったり、販売自体を中止したりする業者も珍しくありません。私たちが仲介する質の高いツアーに至っては、1年後、2年後をターゲットにした問い合わせが日常的になってきています。

▼質の高い通訳案内士（通訳ガイド）が足りない

リソース不足の中でも、ボトルネックとなりつつある、いくつかの具体的なジャンルを掘り下げて考えてみましょう。

まずは、全国通訳案内士と呼ばれる国家資格保有者、つまり外国語と、日本の歴史・地理・文化に対する知識を有している人の不足です。

通訳案内士自体は、全国で約2万7600人存在するとされていますが、圧倒的に足りないのは、単に資格を持っているだけではなく、高い語学力とホスピタリティー、さらに不測の事態にも明るく柔軟に対応できる通訳案内士です。

インバウンド需要が盛り上がるまでは、通訳案内士自体にそれほど需要がない時代が続きました。しかし現在は、特に富裕層観光客ほどしっかりした通訳ガイドを、しかるべき報酬を支払ってでも望む傾向にあり、供給が追いついていません。

特に日本を初めて訪れる人にとって、言葉の壁、慣れない習慣や道案内だけでなく、偶然の出会いや出来事をポジティブなイベントに変えてくれたり、得られる知識や体験を最大化してくれたり、急なアレンジをそつなくこなしてくれるような通訳ガイドの存在は、旅行の満足度を大きく左右します。そして、事前に訪日の目的や関心の方向性が把握できていれば、その分野に通じているガイドを手配できることで体験価値は大きく増加するわけです。

富裕層の反応を見ていると、もちろん高級ホテルや高級レストランの素晴らしさもさることながら、自分の関心や疑問に寄り添い、楽しく解説してくれるガイドの存在感は非常に大きく、またそれにより旅行自体の評価も高くなると感じます。

通訳案内士は国家資格で、国も人材の不足は認識しています。近年、通訳案内士の資格がなくても有償での通訳ガイドができるように法改正されたり、特定の地域の専門性に特化した「地域通訳案内士」の制度も始まったりしていますが、この点はぜひ、国も自治体も中長期的な視点で人材を育成してほしいと願うばかりです。

かつてはあまり仕事がなく、一生の職業にするには不安のあった通訳案内士ですが、日本が観光大国になるのであれば、今後は高い報酬を期待できる有力な職業になるかもしれません。若い人材を育成していくことも重要なポイントになるでしょう。特に、富裕層向けの旅行をテーマにするのなら、富裕層に慣れている質の高いガイドの充実が望まれます。

▼運転手・車両が足りない

これは、富裕層の需要やインバウンド需要に限った話ではなく、少子高齢化社会によって全国でバスやタクシーが不足し始めていることと根を同じくする話ですが、富裕層インバウンドの現場ではより深刻になっていると言えます。

ただでさえドライバーが足りず、それに伴って車両も足りていないのに、外国語を話せるドライバーともなると文字通り奪い合いです。その上、車両が足りません。最近は、京都などでの修学旅行生向けにトヨタのアルファード（ミニバン）を使用することも珍しくないそうですが、これは絶対数の不足によるリソース配分の限界を意味していると考えるのが適切でしょう。

それでも、東京や京都のようなメジャーな都市であればどうにか手配できるのですが、地方ともなると、そもそも手配そのものが至難の業になりつつあります。ごくわずかな台数を奪い合っているのです。

これは、国内のモビリティを今後どうするかという問題とも合わせ、やはり政府レベルで早急に手を打っていただきたいと思うばかりです。せっかく旅行に来たのに、移動手段がないばかりに諦めなければならない行程が発生するのは、なんとも歯がゆく残念でなりません。

▼宿泊施設が足りない

宿泊施設の不足も問題ですが、人材や車両とは少し意味合いが異なります。

たとえば、旺盛な意欲を持つ富裕層観光客を、本人の希望に合わせてある地域にマッチングしたいとしても、その地域に上質な宿泊施設がないばかりに、根本的に送客を諦めざるを得ないケースがよくあります。

あとでも述べますが、ある地域を魅力ある観光地にしていく際、その中心点、ハブとなるのは、富裕層も泊まりたくなる、あるいは安心して泊まれる宿泊施設です。観光する場所から車で1時間程度でアクセスできる範囲にあればいいのですが、まったくない場合はすべて諦めるか、どうしても行きたい場所だけを訪ねて、その地域から早々に離れざるを得ません。

もっともこの点は、手を打っている地域が増えているとも言えます。２０２３年頃から、東京や京阪神以外にも4大ブランドを含む外資系ホテル（事業主は国内企業のケースがほとんど）が開業し、今後少なくとも数年間にわたって、各地域に欧米富裕層にもなじみのある宿泊施設が増えていくことになります。こうなると、宿泊施設を軸に、移動を最小化しながら、たとえば2泊3日などのスパンで地域の魅力を探ることができるようになり、その地域にとっては加速度的な収入の増加が期待できるようになります。私たちとしても、海外の旅行会社にご提案できる地域が増え、おすすめのバリエーションを増やすことができるわけです。

また、富裕層向け旅行とは直接関係しませんが、現在進められている「道の駅」と外資系ホテルとのコラボレーションが今後どうなるか、地域活性化としての起爆剤になるかについても期待したいところです。うまくいけば、これまで選択肢になりにくかった地方にも欧米人観光客の目が向くようになるかもしれません。

宿泊施設は、必ずしも外資系ホテルでなければいけないわけではありません。特色があり、付加価値の高い宿泊施設で、質の面でも評価できれば、私たちが自信を持っておすすめすることで富裕層を招くことも可能です。「裏ワザ」的になりますが、船やヨットを宿泊施設として用いるという方法もあります。

また、今後宿泊施設を増やしていくに当たって、何かに特化した特徴を持つのもよい選択だと思います。日本を訪れる観光客にとって、日本の食はメインのコンテンツの一つですが、なかには宗教上、あるいはベジタリアンなどの理由で制限がある人もいるわけです。こうしたニーズを取り込めれば、対象となる人のハブとして選んでもらえる宿泊施設となれるかもしれません。

関心がゴールデンルート以外へ広がり始めている

序章でも述べた通り、富裕層を含む欧米人の最初の日本旅行は、いわゆるゴールデンルートをたどるパターンがほとんどです。典型的な例では、まず東京周辺でまとまった日数を過ごしてから、京都・大阪に向かって移動する途中で、金沢や高山、あるいは富士山などを経由するルートです。

最も理解しやすく、移動手段も豊富で、インフラやリソースも充実しているルートですから、初めての日本旅行では「外れのない」プランだと言えます。

図表4　欧米富裕層の好む典型的なゴールデンルート

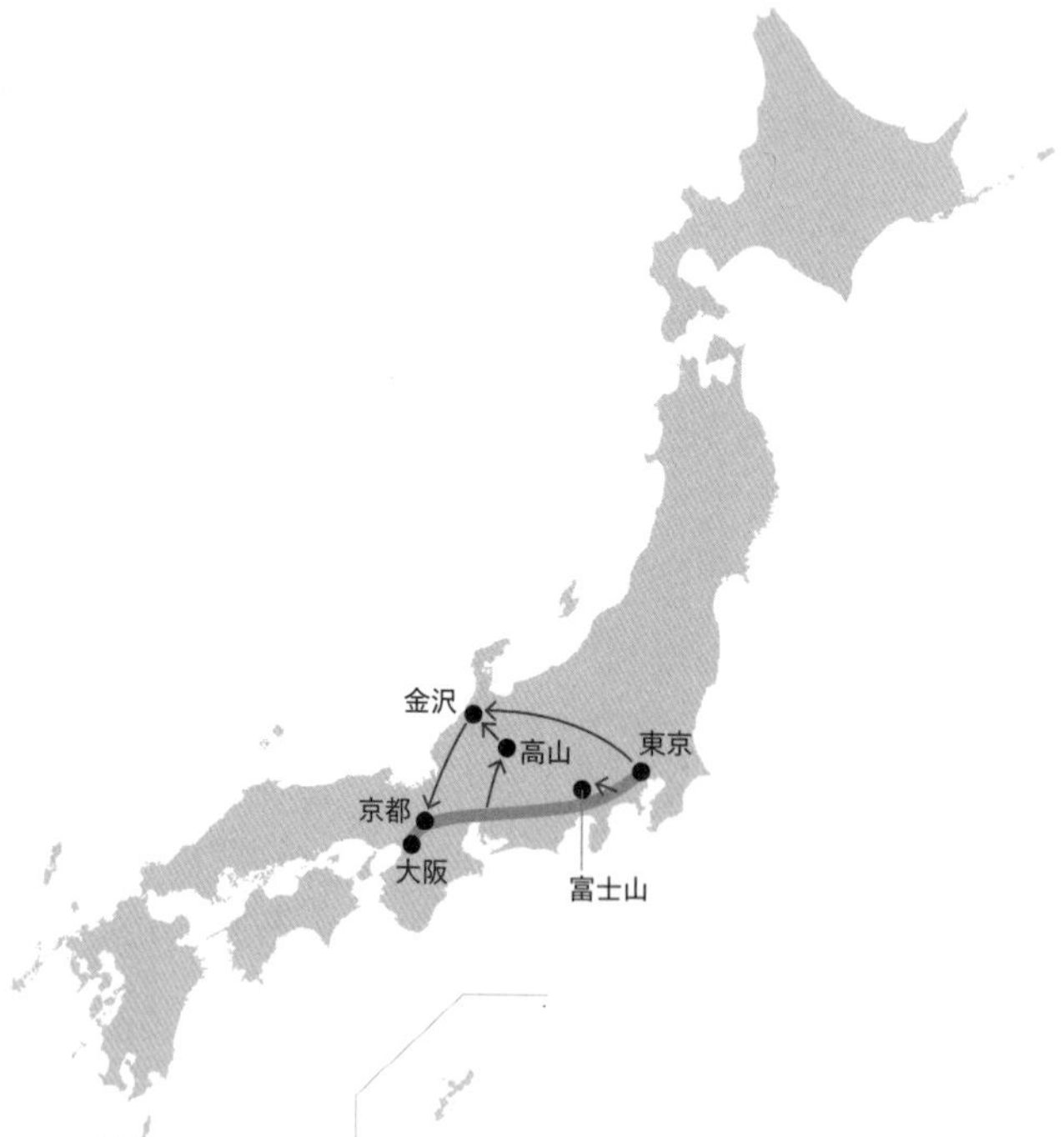

アートの島として有名な香川県の直島（写真提供：PIXTA）

ところがアフターコロナでは、初来日だったとしても、ゴールデンルートに何かをプラスしたり、典型的なルートではなかったりするケースが見られるようになってきました。

最も代表的な例は、瀬戸内海に浮かぶ、香川県の直島です。

直島や周辺の島々は、ベネッセホールディングスと福武財団により「ベネッセアートサイト直島」として開発され、自然豊かな島がまるごとアートスペースになっています。とりわけ、草間彌生氏の作品『南瓜』をSNSなどで知った欧米人の中には、日本に行ったら必ず直島を訪れたいと考える人が珍しくありません。

直島は位置的に京都・大阪のさらに西となる

香川県三豊市にある父母ヶ浜（写真提供：PIXTA）

ため、ゴールデンルートが西に延長されるような格好になります。また、直島を目当てに訪れた瀬戸内海地域の魅力に触れることで、さらに周辺地域への関心も広がりつつあります。

たとえば、岡山県の倉敷市や香川県の高松市、その周辺などが対象です。これらの地域は歴史的に魅力ある観光資源を抱えていて、直島から船で直接アクセスしやすいというメリットもあります。さらに、三豊《みとよ》市の父母《ちちぶ》ヶ浜《がはま》という海水浴場が、干潮時にまるでボリビアのウユニ塩湖のように見えるとＳＮＳで評判になっていることも、この地域の新しい魅力になっています。

ゴールデンルートを広島に延長する人もいます。特に、宮島の海中に立つ嚴島《いつくしま》神社の大鳥居が与えるインパクトは、欧米人にはとても強い

図表5　西に延びるゴールデンルート

ものがあります。また宮島には、長年の歴史を持つ高級旅館が揃っていることも強みです。

瀬戸内はゴールデンルートの需要を取り込みやすい地の利がありますが、同時に都道府県を越えた協力関係がよくできていて、観光客のニーズに応じたいろいろな提案が成立しやすい環境が整いつつあります。

オーバーツーリズムをどう考えるべきか？

同時に、日本の有名観光地では、いわゆるオーバーツーリズムに対する問題意識が、コロナ禍前以上に強まってきていると言わざるを得ません。

京都や富士山など、あるいは桜や紅葉の時期などに本来の意味での観光地における人流が増加するという問題だけでなく、最近ではサブカルチャーやSNSなどの影響もあって、特定の場所が突如SNSのフォトスポットと化し、環境や地元住民の生活に負荷がかかっていることも問題視されています。

インバウンドの拡大において、オーバーツーリズムの問題は必ず解決しなければなりませんが、同時に、地域の観光需要を高めようという課題を持っている人に対しては、いくつかの面で示唆に富む現象だと感じます。

たとえば、アメリカ人観光客の視点で考える場合、花見の時期も強い人気がありますが、日本の紅葉の時期は感謝祭からクリスマスに至るシーズンと重なるために長期休暇を過ごす格好のコンテンツとなり、家族や夫婦で来日したいというニーズが大きく伸びる傾向にあります。

ただ、美しい紅葉を見たい気持ちは日本人もアジア人観光客も同じです。たとえば、この時期の京都では内外の観光需要が集中するため、前述の通り、車両や宿泊施設も取り合いになってしまいます。

すると、欧米人や富裕層の中には、そこまで有名ではなくても、あまり人のいない地域でゆっくり紅葉見物をしたいというニーズが確実に生まれます。京都が人で溢れているのなら、自然の美しさとじっくり向き合える魅力的な場所を紹介さえしてもらえれば、そちらにシフトしてもいいわけです。地域の暮らしや文化に溶け込むなどのオプションが提供できれば、京都とは異なる魅力と感じてもらうこともできます。

つまり、オーバーツーリズムがあるからこそ、日本のそのほかの地域にも観光需要を取り込むチャンスが生まれていることになります。これは、桜の開花時期が東京や京都とはズレがある東北地方などのケースも同様です。

しかし、そうした情報は、まだ私たちのところにあまり流れてきません。欧米人観光客の扱いに慣れていない、リソースが足りないなどの理由はあるにしても、ニーズがあってチャンスが訪れているのに、ほとんど取り込めていないのは実にもったいない話だと思います。

一方、すでに紹介したように、東京や京都以外でも、瀬戸内地域や、高野山、熊野古道、飛驒高山、金沢、広島など、実際に欧米の観光客の受け入れに成功している地域もたくさんあります。私たちとしても安心して送客できる地域ですが、最初からそうだったわけではありません。

オーバーツーリズム自体は問題ですが、ポジティブに解釈すれば、まだまだ未開発の地域を観光資源として掘り起こすチャンスでもあるわけです。

富裕層旅行客がオーバーツーリズム解消の切り札に？

別の視点からも考えてみましょう。

オーバーツーリズムの根源的な問題は、狭い地域に大勢の観光客が詰めかけること、つまり人数です。無論、なかには多くの人流をうまく取り込み、マネタイズできているビジネスもありますが、地域の中には観光とは無縁の生活を送っている人のほうが多いため、どうしても一定の量を超えると地域社会との摩擦が生じやすくなってしまいます。

この点を上手に解決できるのが、富裕層観光客の誘客であることは言うまでもありません。1人当たりの消費額が多いため、少ない人流で多くのお金が落ちるわけで、これもまた、オーバーツーリズムを解消していくための切り札になるわけです。

その際のキーワードは、「分散」です。

たとえば、岐阜県の高山市を中心とする飛騨地域の場合、観光の対象が高山市や世界遺産の五箇山《ごかやま》・白川郷《しらかわごう》以外にも広がり始めているため、高山市に宿泊していたとしても、人流の少ない場所に誘導するオプションがいろいろとできつつあります。

また、石川県の金沢市の場合は、反対に金沢市で宿泊するのではなく、加賀温泉などの温泉地をおすすめするパターンが定着しつつあります。現在は、能登半島地震からの復興の最中ですが、加賀温泉には1泊10万円台で、旅館文化に関心のある欧米人からの評判もいい宿泊施設が複数あるため、あえて金沢市に泊まらない選択肢も取りやすくなっています。特に高齢などの理由で移動距離を最小化したいというリクエストにはぴったりです。

ただ、どうしても難しいケースもあります。その典型が京都で、観光客は夜の食事なども視野に入れれば、やはり四条あたりを中心とするエリアに大きな魅力を感じます。これは欧米の富裕層も同じで、たとえば舞妓さんとディナーを楽しむオプションや、ミシュランで星を獲得しているような高級店は、ほぼ京都の中心部に集中しています。

京都の周辺にも、奈良や滋賀県の大津など、魅力的な地域があるにはあります。しかし、どうしても京都中心部と行き来するには1時間程度かかってしまうため、なかなか選ばれにくいというのが現状です。こうした地域が宿泊先として選ばれるには、食事や体験などの面で地域の魅力を強化していく必要があるでしょう。

オーバーツーリズムは地域的に偏在している問題ですが、オーバーツーリズムを成長の機会とするための戦略もまた、地域によって大きく異なります。あくまで、地域ごとの問題提起と解決が鍵となります。

二重価格をどう考えるか？

少しこの本の趣旨からは外れてしまうかもしれませんが、オーバーツーリズムの問題化と並行して最近よく論議されているのが、いわゆる二重価格の設定を是とするか否かの問題です。

俗に二重価格という場合、人によって議論の対象が異なることがあります。

一つは、観光客が利用する宿泊施設や交通機関などにおいて、付加的な税金や料金などを徴収するもの。もう一つは、より狭い意味での二重価格で、要するに外国人と日本人で価格を別々にする、というものです。

私は、前者のような、日本人であるか外国人であるかに関係なく、観光客全員に対して平等に追加徴収する税金や料金は、思い切って導入してもかまわないと感じます。

東京、大阪や京都、金沢、福岡などで課されている宿泊税や、宮島をフェリーで訪問する際に課されるいわゆる「入島税」（訪問税）などは、しっかり趣旨をオープンに説明できるのであれば、少なくとも欧米の観光客には受け入れられやすいと感じます。

彼らが自ら観光客の立場で日本のインフラのよさを実感していることもありますが、集められた税金が何に使われ、それが自分自身を含む観光客にもメリットとして返ってくるシステムであることが実感しやすいために、むしろ「よい旅行者」として積極的に払おうと考えるからです。

旅行者として環境保全に責任を持つ考え方は、「レスポンシブル・ツーリズム（責任ある観光）」として欧米の観光客に広く共有されています。富裕層であればなおさらで、そうした責任を果たすことを当然と考えています。つまり、日本の地方でも、目的を明確に説明する前提で積極的にこうした目的税を導入してかまわないし、それによってさまざまなリソース不足が解決に向かえば、地元にも、観光に携わる業者にも、旅行者にもプラスになると考えていいのではないでしょうか。

ただ、価格設定を二通りにする狭い意味での二重価格制は、あまりおすすめできません。

国籍や話せる言語、「外国人らしい見た目」を根拠にした二重価格は、多くの場合途上国で行われている行為で、それ自体にソフィスティケート（洗練）されていないイメージが強くつきまといます。逆に言えば、明確に値付けがされていて、金銭のやりとりが明朗な日本の文化は高く評価されていることになります。

それでもなお二重価格を始めたとしても、今度は運用の問題で難しさに直面するでしょう。今の時代、外見だけで外国人かどうかを区別できるとは限らないからです。

それならむしろ、後述するようにその店自体の価格を、誰に対しても高くするほうが合理的です。円安で購買力が増している外国人に、行列や待ち時間を避けるかどうかというオプションを与えることができるからです。

広報すれば見てくれる？　広報しているのに見てくれない？

地域で観光振興や観光開発に携わっている方の中には、むしろ「オーバーツーリズムだなんてうらやましい」と感じている方がいるかもしれません。そんなにオーバーしているなら、自分の地域に目を向けてくれればいいのに……というわけです。

もちろん、ただ手をこまぬいているわけではありません。地域の魅力を発信するためにSNSや動画サイトを活用しながら広報活動を行っている場合が大半です。富裕層がSNSで情報収集をしないわけではありませんが、日本のある地域の情報が彼らに届き、しかも興味を持ってもらえるかは、くじ引き的な確率だと言わざるを得ません。欧米富裕層に限って言うなら、届きにくい発信方法です。

欧米富裕層の場合、まず自分で決めるのは、目的地の大まかな方向性と、自分の好み程度です。彼らにはお抱えのコンシェルジュや旅行エージェントがついている場合が多く、あいまいなオーダーをもとにプランを組んでいくことには慣れています。

コンシェルジュは旅行会社に、より専門家の立場からいろいろな旅程を提案してくれるよう依頼します。するとその旅行会社から、現地(たとえば日本)のランドオペレーター、さらには私たちのようなDMCにプランニングの依頼がやってくる、というわけです。

要するに、プランの組み立てのかなりの部分が、富裕層自身ではなく、周辺の専門家による「おまかせ」で進んでいくことになるわけです。もちろん、最終判断は富裕層観光客自身が行いますし、旅慣れている彼らを満足させるためには新しい発見や体験を供給しなければなりませんから、ありきたりな旅行プランを提示することはできません。

ということは、もし日本の地域で観光に携わっている方たちが、日本にやってくる富裕層の需要をマネタイズに結びつけたい場合、あるいはこれほどまでにインバウンドが盛り上がっているにもかかわらず誘客に悩んでいる場合は、彼らに直接外国語で訴えると同時に、ＤＭＣに属するトラベルデザイナーなどの専門家を通じて魅力をアピールする必要があるわけです。

つまり、相手は専門家です。ただイメージだけを美しくまとめた映像資料やキャッチコピーを書けばアピールできるわけではありません。日本のＤＭＣに属するトラベルデザイナーが、自信を持って海外の旅行会社におすすめできるポイントをクリアしているかどうかにかかっているのです。

そのために、地域の魅力をどう掘り起こし、パッケージ化し、ほかではできない体験を整え、さまざまなリクエストに柔軟な対応ができて、移動手段や宿泊手段を整えることができるか――。地域をよく知り尽くした方たちの力を結集して一つひとつの問題を解決してこそ、プロがおすすめできる目的地になりうるわけです。

現実的な問題としては、私たちのような立場にとって、今まであまり送客した経験のない日本の地域をいきなり大きくプッシュすることにはそれなりの勇気が必要になります。また、国内的には定評やネームバリューがあっても、欧米人や富裕層の受け入れ実績が多くない地域も同様です。

私は、こうした問題を解決するため、地域の観光戦略を考える際には、初めから専門家の視点を入れ、また本格的な広報の前に必ずモニターツアーを組むことをおすすめしています。

そこでまずは、欧米からの観光客や富裕層をよく知る専門家に地域を「発見」してもらい、課題や改善点などのアドバイスを受けながら作り上げていくといいでしょう。また逆に、地域の方たちにとってはそれほど価値が高くないと考えていたものが、やり方や見せ方によって、一大キラーコンテンツになることだってあり得ます。

私たちのような立場も、海外の旅行会社も、富裕層におすすめできる日本国内のコンテンツが増えれば増えるほど有利ですから、基本的にはウィンウィンの関係が成り立ちます。外部の目を入れ、協力を求めながら、旺盛な需要を取り込んでいく方向を目指していけばいいのではないでしょうか。

図表6　一般旅行者と富裕層旅行者が旅先を訪れるまでの流れ

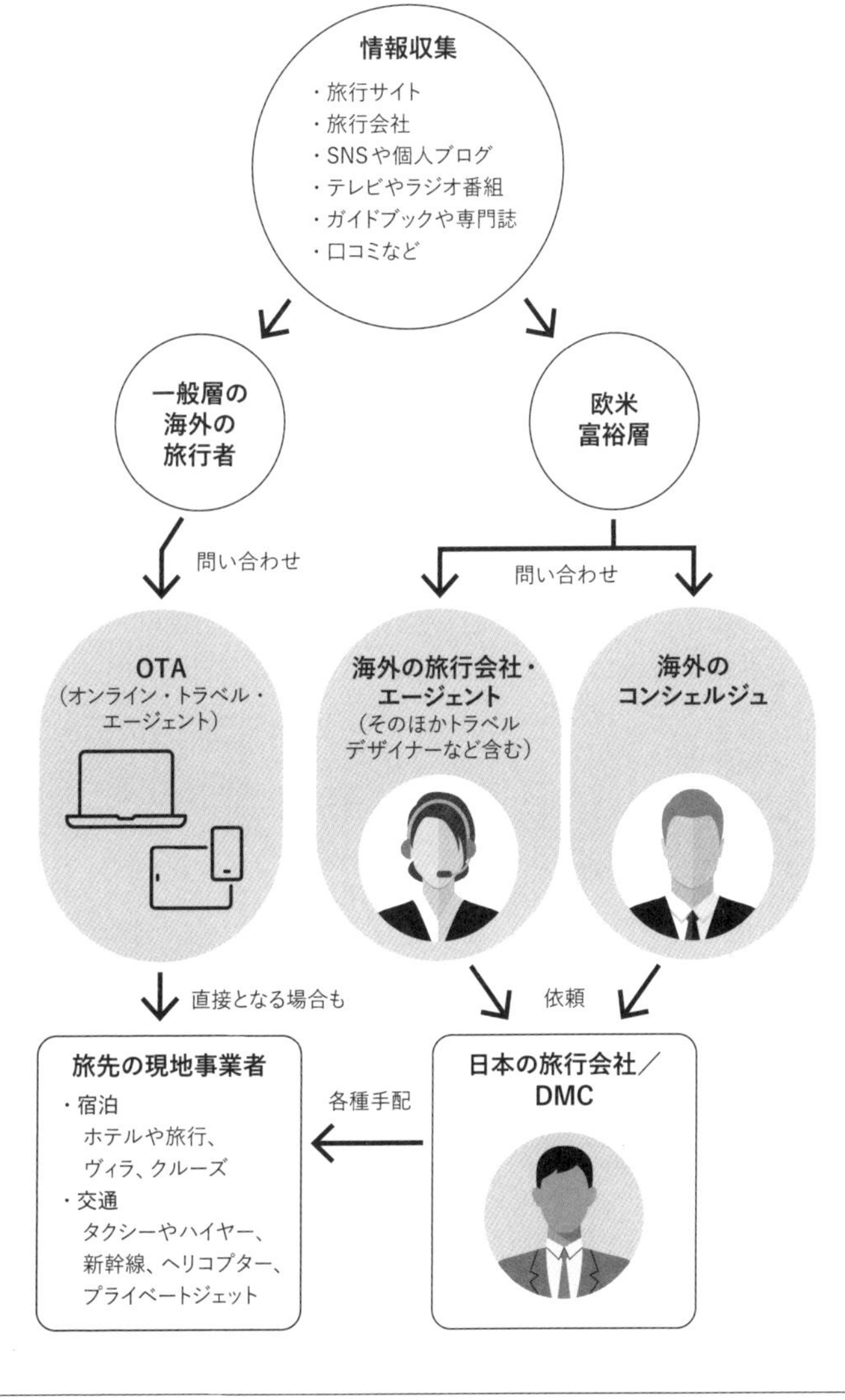

インバウンド需要は今後も伸びる可能性が高い

アフターコロナのインバウンドは、前述の通りすでに5兆円を超える市場規模になってきており、今後もさらに伸びていくと考えていいでしょう。

日本政府は、コロナ禍前、インバウンドの目標として、2020年時点で訪日外国人旅行者数4000万人、消費額8兆円という目標を掲げていたものの、コロナ禍によって消し飛んでしまいました。そして現在は、2030年時点で同6000万人、15兆円を実現するという数字が公表され、それに合わせてオーバーツーリズム対策を行いながら、地方への観光客の誘客を図り、魅力ある観光地域を作っていくことが政策の柱になっています。

日本の観光産業に、日本人が考えている以上の魅力があることは恐らく疑いのない事実で、国内にも認識が広まっていることは間違いないと思います。円安という「好材料」もありますが、同時にハレーションも起こしつつあることは明白なので、さまざまな問題を解決しながら、観光産業やインバウンドをさらに促進する公的な投資は今後も引き続き行われるでしょう。

やがては15兆円を超え20兆円産業へ、国内総生産（GDP）の3～4％を占めるような一大産業になっていく可能性は高いと考えます。狭い意味での自動車産業（自動車・輸送用機器）のGDP比はおよそ2・5％といいますから、観光が今、いかに巨大な産業になる過程にあるかが、おわかりいただけると思います。

今まで地域の観光開発がなかなかうまくいっていなかったとしても、むしろ本格化するのはこれからであり、今から戦略を練り直しても十分間に合うというわけです。すでに成功例、失敗例ともに知見は蓄積され始めていますし、外国人観光客の考え方や嗜好も見えてきています。

つまり、コロナ禍前も含め、これまでの経験や失敗が、今後はプラスに働く可能性も大きいということなのです。

次の章では、その切り札ともなり得る欧米富裕層を、なぜ日本は見逃してきたのかを考えていきましょう。

第2章

欧米豪の富裕層を見逃してきた日本

インバウンドの「数的な主役」は東アジアの人々だが……

私たちはごく最近まで、インバウンドを考えるに当たって欧米富裕層の動向にはあまり目を向けてきませんでした。

それはひとえに、消費額ではなく人数の面でのインパクトに影響されてきたからではないかと考えます。詳しくは第3章で解説しますが、観光庁によれば、そもそも富裕層観光客は全体の1％に過ぎないのに対し、消費額ベースでは約14％を占めています。しかし、ここでいう富裕層にはアジアなども含まれています。1％の中に占める欧米人の富裕層に対する詳しい分析は、あまり知られてきませんでした。

そこでいったん、2023年時点での訪日外国人旅行者の国別内訳、つまり人数ベースでの分布を見てみましょう（図表7）。

一見してわかる通り、総数（約2507万人）のうち、全体の4分の3以上を占めているのがアジア、しかも約63％が近隣の東アジアからの旅行者です。

コロナ禍前は全体の3割を占めていた「主役」の中国のシェアは大きく低下し、ピー

図表7　訪日外国人旅行者の内訳（2023年）

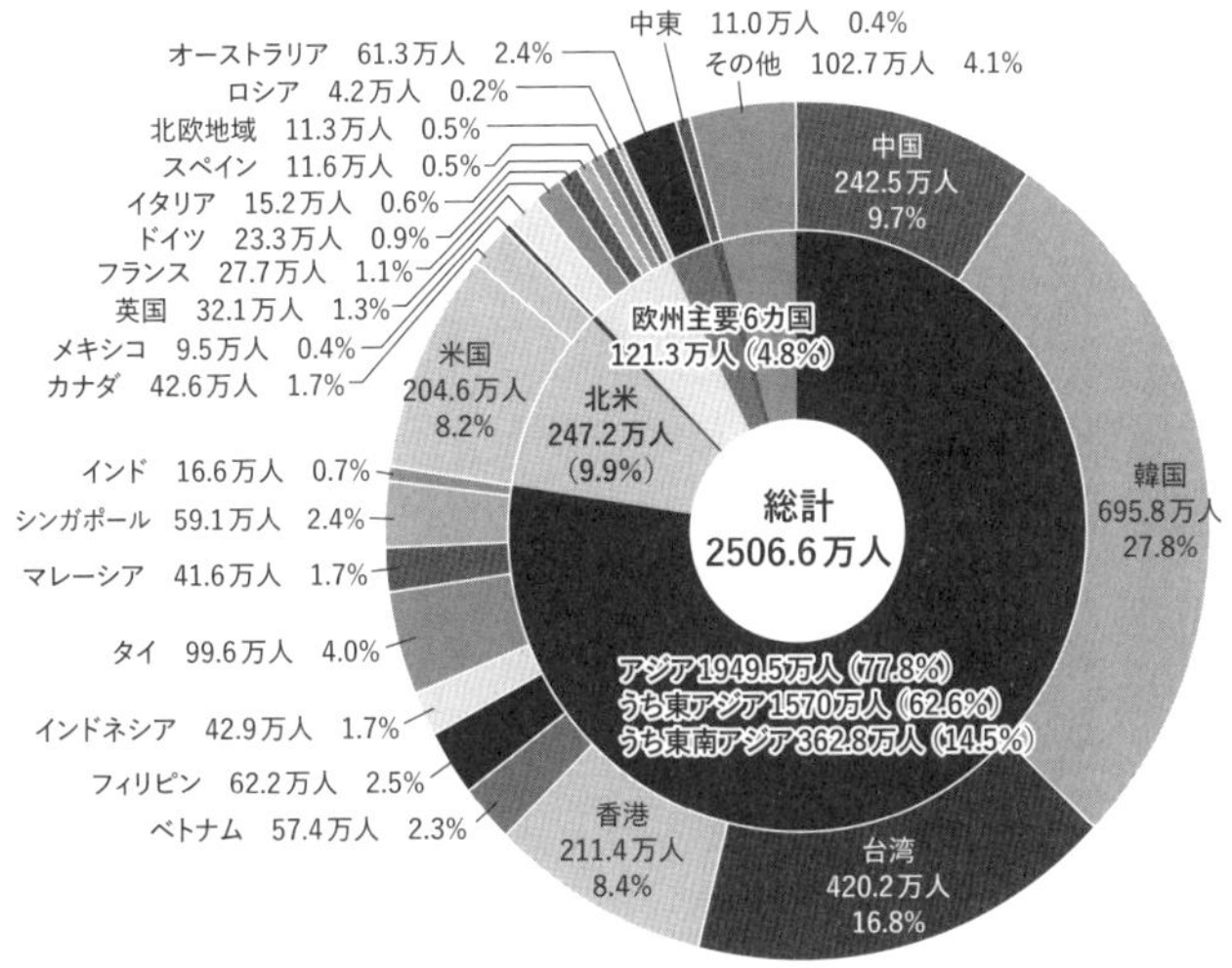

出所：観光庁「令和6年版観光白書について」より

ク時の３分の１にとどまっています。一方、韓国（約６９６万人）は大きく伸び、台湾（約４２０万人）、香港（約２１１万人）はピーク時までには回復していません。アジア人トータルで見た場合、２０１９年には全体の約83%を占めていたのが、２０２３年で約78%へと、人数は増えているのにシェアはむしろ低下しているのです。

一方、北米（アメリカ＋カナダ）のシェアは、２０１９年の６・６%から２０２３年には10%近くにまで増えています。人数でも37万人ほど増えていて、移動距離や時差を考えれば驚くべきことです。

滞在期間が長く消費額も多い欧米人

それでもなお、人数で見ればアジア約78％に対して北米約10％、欧州やオーストラリアを足しても約17％ですから、規模が違うと考えることもできるでしょう。

ここで考えたいのが、滞在期間や消費額の違いです。もうお気づきの方もいるでしょうが、序章（19ページ）で紹介した、消費額ベースのグラフと比較してみてください。北米のシェアは13・6％を占めていますし、伸びも2019年比でほぼ1・7倍になっています。

インバウンド全体の消費額が伸びているために見えにくくなっているものの、2019年と2023年の比較では、アメリカの消費額の伸びは約88％増、カナダは約76％増と、倍増近い勢いになっています。

つまり、人数ベースで見ればアジア人が圧倒的ですが、遠くからわざわざやってくる欧米からの観光客は、滞在も長期にわたるため、消費額も大きく伸びるケースがほとんどなのです。

近隣の国への海外旅行の場合、支出額が相対的に少なくなるのは世界のどの地域でも同じですが、特に富裕層という点に着目すると、やや違った角度からの見方もできるでしょう。

日本にやってくるアジア系観光客は、旅行の期間が比較的短いために消費額もそれなりにとどまりやすく、仮に支出する場合も百貨店におけるブランド物など、都市型の支出が多くなります。もちろん、アジア人にも富裕層はいますが、彼らはむしろ、長期の休暇があるなら欧米などを目指すでしょう。

一方、日本にやってくる、あるいはやってくることのできる欧米系の観光客は、その時点でそれなりの予算を持っていて、いろいろなことにお金を使うつもりで来ていることにも注目しておきたいところです。人数は少なくても単価は高く、そしてこの本の主題である富裕層の比率も高い、ということになります。

消費額や旅行期間の面で大きな存在になる欧米観光客

日本人の休暇は、以前ほどではないにせよ欧米と比べて短く、さらに長期の休暇を取りにくい、あるいは取らない文化だと言えるでしょう。日本人にとっての「長期休暇」は、年末年始やお盆休みのイメージで、1週間〜長くても10日前後です。その代わりなのか、3連休のような「短期休暇」が多いのかもしれません。

これは、日本のインバウンドのメインである東アジアの国々も似た傾向にあります。逆に、だからこそ2泊3日などの短い期間でも、ある程度楽しめる日本が選択される理由にもなっています。

しかし、欧米人の休み方はまったくと言っていいほど異なります。

会社員であっても、長期休暇と言えば数週間〜1カ月ほど。その中で日本に旅行するのであれば、北米からの場合、短くとも10日、一般的には2週間くらいになりますし、ヨーロッパならさらに長く、2〜3週間にわたることも珍しくありません。その背景には、長期休暇を過ごし、会社もそれを認める文化が浸透していることがあります。

旅行期間が長ければ、当然1人当たりの旅行費用は多くなりますが、実はその使い方も、アジアと欧米では大きく異なります。

アジア人観光客の消費のメインは、食とショッピングです。グルメと、ブランド物を含めた買い物にお金を使う一方で、1回の旅行で国内を移動するケースはまれで、国内での交通費の支出は少なく、また抑えることを好む傾向にあります。宿泊施設も同様で、アジア人の大半は、ある程度快適に宿泊できれば問題はなく、ビジネスホテルやホステルのような、価格優先の宿泊先を選ぶ傾向にあると言えます。

欧米人は正反対です。長期間に及ぶ日本旅行を1カ所の滞在だけで終えることはまれで、大半のケースでは国内での移動を伴います。

また、まだ訪日経験が少ない観光客がほとんどのため、宿泊施設は名のとおった外資系ブランドを選ぶ傾向にあります。彼らにとっては、いかに好奇心があるにせよ、日本は言葉が通じにくく、文化も異なる環境です。慣れない間はたとえ支出が増えても外資系ブランドに泊まりたがるのは、いわば安心したいがためと言えるでしょう。また、第1章でも見た通り、観光ガイドに対しても富裕層ほど惜しみなくお金を使う傾向にあります。

その一方で、意外にも食や買い物には、あまりお金をかける印象がありません。高級食材を避けているわけではないのですが、それ以上に食文化の違いや体験自体を楽しむ傾向にあるわけです。

円安でお買い得感、大きな追い風に

コロナ禍が終わり、思う存分旅行を楽しみたい欧米人の追い風になっているのが、一時1ドル＝160円台まで値下がりした、空前の円安です。

私の肌感覚でも、コロナ禍前、2019年に接した方たちは、日本を離れる際、いわゆるお土産をそれほど買わないイメージでした。アジア人は抱えきれないくらいの荷物とともに離日していくことが多いのに対して、欧米人はあくまで旅行そのものの満足度を追い求める傾向にあるため、ものに執着はあまりしないのだろうと分析していました。

ところが、最近の欧米人の旅行者は、少し違った反応を見せ始めています。日本で試したものや、見かけた珍しいものに対して、販売価格が円安のためにあまりにも安く映るため、「こんなに安いのなら試しに買ってみようか？」という意識が働きやすくなっているのかもしれません。

面白いもので、一度何かを買うという経験をすると、多くの人がさらに何かを買い始める傾向にあると感じます。日本でものを買うという行動自体を想像していなかったところに、お買い得感と丁寧な接客や品質を一度実感することで、何か変化が生まれるのかもしれません。

円安を実感している彼らにとって、日本は「物価の安い国」に映っています。世界的にはインフレが進行していて、もちろん日本もその影響下にあるわけですが、それでも日本のインフレ率は恐らく先進国では最低レベルです。その上での円安なので、欧米人からすれば、日本でショッピングや食事をするときのプライシングが、自国と比べて「ものすごく」安く見えます。

日本人にとっては、ラーメン店で食べるラーメンが1000円を超えるかどうかには高い壁があると言います。しかし、原材料費や燃料代の値上がりを考えればいかんともしがたい……といった悩みを店主も消費者も抱えているわけですが、欧米で日本食レストランに行けば、ラーメンのようなものが2500円、3000円しても不思議ではありません。そんな彼らに、1000円のラーメンやその味がどんな驚きをもって迎えられるかは、日本で生活している日本人にはなかなか想像し難いとも言えるでしょう。

なぜ「ニセコの牛丼」や「築地の海鮮丼」が話題になるのか?

そうした、インバウンドと円安の象徴としてしばしば話題になったのが、北海道・ニセコで売られている牛丼やカツ丼に2000円、3000円という価格がついている話、あるいは5000円、場合によっては1万円を超える海鮮丼が築地や豊洲で売られている……といった現象です。

輸入物価の高騰に苦しむ日本の生活者の立場からは聞いていてあまり愉快なニュースではないかもしれませんが、私の立場からは、十分に起こり得ることであり、またそこまで大きな問題でもないように思えます。

まず、オーストラリア人を中心に高い支持を得ているスキーリゾート・ニセコで、牛丼が数千円で売られているような現象は、それ自体がかなり限定的な条件下での事象であることは知っておいてよいでしょう。

ニセコの本質的な人気は、国内でも屈指とされるパウダースノーの質と量です。豊富な積雪と、気温や湿度などによる雪質が組み合わされて実現するもので、今から30年以上前にオーストラリア人に「発見」されました。それ以来、季節が正反対の彼らがクリスマスを中心とした長期休暇を過ごすために最適化されてきたわけです。すでにオーストラリアの資本も入っていますし、別荘を購入したあとに、ニセコ周辺に定着してビジネスをしている人も少なくありません。

ただ、ニセコは北海道の中でも都市部からは離れていて、過疎や高齢化の問題とも無縁ではありません。当然、英語が通じるような店舗は多くなく、かといって都市部まで食事をするために出かけることは現実的ではありません。まして、真冬の豪雪地帯なのです。

そこで供給される食事が、たとえば東京で供給される場合と比べて高価になるのは一般的と言えます。険しい場所に建つ山小屋の食事代がまさか都市部と同じわけがないのと同様です。実際、雪のないシーズンであれば、ニセコで牛丼を売ってもしかるべき価格しかつかないでしょう。

むしろ、インバウンド戦略を考える上で注目していただきたいのは、牛丼やカツ丼が2000円、3000円すること自体に、欧米人がそこまで負担を感じないこと、そして言葉や移動の不安を解消するためであれば、さらに多少のプレミアムを支出するオプションも検討の余地があるという点です。

パウダースノーで有名な北海道ニセコ町（写真提供：PIXTA）

最高のパウダースノーを求めて北海道までやってきたのですから、そこでスキーができることで基本的な旅行の目的は達成されています。その上で、移動せず、言葉の壁もなく、まずまずの日本食を楽しめるのであれば、数千円の支出など別に惜しくはないわけです。

私たちが、たとえば言葉の通じない東南アジアでどうしても地元の料理を食べたい場合、多少「観光地価格」であっても、日本語が通じたり、日本語のメニューがあって日本人のレビューが残されている店であれば、それが地元価格（数百円）の数倍（1000円）であっても、安心感を買う感覚で受け入れるのと同じです。

人気が高く常に混雑している築地や豊洲で、日本人の感覚ではためらうような価格がついて

多くの訪日客で連日賑わいをみせる築地場外市場（写真提供：PIXTA）

いる海鮮丼でも、先を急ぎたい欧米人観光客の場合、価格に納得した上で店内が「空いている」のであれば、その店を選択することも合理的になり得ます。

価格だけにスポットを当てると、ひどい二重価格のエピソードに思えるかもしれません。しかし、インバウンド戦略の視点からは、観光客を強力に引きつける柱さえあれば、そこで供給されるほかのサービスを提供する業態にも、場合によっては大きなチャンスが巡ってくる点にも気を配っておいてよいでしょう。

日本人が抱きがちな欧米富裕層に対する先入観

私は、特に北米を中心に、日本の魅力をもっと知ってもらいたくてこのビジネスを始めたわけですが、最近の欧米人観光客の様子を見ていると、日本の魅力に対する理解は私が以前考えていたよりもずっと速く進んでいると感じます。

もっと時間がかかると考えていましたし、日本に3000万人、4000万人の外国人がやってくるなんて、このビジネスを始めた頃にはまったく想像していませんでした。

私のような立場から見ても、自分が考えていた以上に日本には観光コンテンツとしての魅力があり、そこをうまく発見してもらえているわけで、実にありがたく、またうれしいことだと感じています。

その反面、日本人の側が、むしろ日本に魅力を感じてやってくる観光客に対する誤解、あるいは先入観のようなものから自由になりきれていないと考えるケースが目立つようになってきました。とりわけ、インバウンドに関係している方たちの中にも、急激に進んでいる現状への認識が追いついていないと感じることがあります。

その代表的な例は、「インバウンドで求められている日本」に合わせていこうとする、ある種の勘違いです。

欧米人の持つ典型的な日本のイメージは、日本国内でもメディアによって作られているきらいがあります。そこで、ある地域が欧米人や富裕層を呼び込もうと考える際に、むしろそうした「典型的な日本」、別の言い方をするならマクロ的なイメージから生まれる先入観に自ら寄っていってしまい、本来その地域が持っているはずの特性や個性を見つめる過程がおろそかにされていると感じます。

ある意味、量産型の日本旅行です。どこでもできる体験は、どこでもできるわけで、わざわざその地域に来てまでする意味がありません。欧米人がいくら体験型旅行を好むからと言って、東京や大阪でも盛んに展開されている体験プログラムと似たようなものを、わざわざその地域にまでやってきてお金を払って体験するだろうか、という疑問を常に抱く必要があると感じます。

ニセコにオーストラリア人スキーヤーがやってくるのは、ひとえに特異なパウダースノーがあるからで、その上で英語での対応ができる環境が整っているからです。パウダースノーなくしては、何も始まりません。

その地域にしかない魅力は何なのか。まずはそこが重要な鍵になります。

せっかく日本に来てくれたのに、十分にニーズを満たせていない

通訳案内士が不足していることの背景を別の角度から考えると、欧米人観光客は、食や買い物だけでなく、日本とはどういう国なのか、日本文化とは何なのか、日本人とはどういう人なのか、といったテーマを、自分なりに納得したいニーズがあるのだと感じます。

おいしい食事が安く食べられるから、百貨店で買うブランド物が自国よりも安いから、といったニーズとはかなり異なっています。

欧米人が相対的に興味を抱きやすい日本の文化や歴史への好奇心を満たせるコンテンツは、残念ながらいまだに不足していると言わざるを得ません。

私は、本当に日本を気に入ってくれる欧米人は、より質の高い観光体験を通じて、心の底から日本文化に関心を持った人なのだと思います。そして、現在のインバウンド需要に対する供給は、その期待に十分応えているとは言えません。

日本に興味を持ち、せっかくはるばる来てくれた人に対して、その好奇心や関心、精神的な満足感になかなか寄り添えていないことを、本当に残念だと感じます、1度、2度でも新しい体験やユニークな発見ができれば、リピーターとなって再び日本を訪れてくれる可能性が高まり、その際はさらに消費額も増えるでしょう。

反対に私は、滞在中の欧米富裕層から、「このままだと退屈なので、何か驚くようなものを見せてほしい」と言われたときが、日本という観光コンテンツが最も試される瞬間であると実感しています。

日本の地域は魅力があるにもかかわらず、それがなかなか発掘されず、供給もされていないことでニーズを満たしきれていないことを、どうか多くの関係者の方、とりわけ各地域の皆さんに認識していただきたいと思うのです。

本当の「おもてなし」って何だろう?

日本旅行、あるいは日本文化の特徴やメリットを語る際、よく引き合いに出されるのが「おもてなし」です。

「おもてなし」の精神は素晴らしく、私としても欧米富裕層にぜひ実感していただきたい要素の一つです。

ただ、「おもてなし」に相当する対応が、日本だけにあるものなのかというと、それもまた違う話ではないかと思います。

ホスピタリティーと言い換えるなら、「おもてなし」は世界中に存在します。そして相対的に高額の支出をいとわない富裕層であれば、普段からそれなりのホスピタリティーをもって接遇されている場合がほとんどです。

日本のサービスのクオリティーは高いのですが、少なくとも富裕層を対象にしているのであれば、どこの国でも「おもてなし」はしているわけです。もちろん、その中での日本らしさは存在すると思いますが、同時に富裕層でも人によって受けたいホスピタリティーは異なるため、うまく気に入ってもらえるかどうかは未知数です。

そうした背景を考えると、私は日本のインバウンド戦略の柱として「おもてなし」を過度に大きく扱うことには賛成できませんし、欧米富裕層の場合を考えるなら、「おもてなし」をアピールしても、そこまで響かないと考えたほうがいいと思います。

それよりも、富裕層が日本という未知の国、謎めいた文化を自分なりに理解したり、体感したりして、自分の人生に何かしらの刺激やインスピレーションを得られるように、さまざまなプランを提供することこそ、本当の意味での「おもてなし」なのだろうと考えます。

私がこの点をとりわけ強調したいのは、もう一つ、これが日本人にとっても重要なポイントであり、特にさまざまな問題に直面している日本の地方、地域にとっても、新しい光を当てる大切な要素になるからです。

観光には、地域の経済だけでなく文化を維持していく効果がある

もしも、ある地域の文化を富裕層観光客にうまくアピールできて、その場所を好きになってくれる人が増えれば、それは富裕層観光客の力を借りて経済を活性化できるだけでなく、その地域の文化や伝統を守り、発展させながら後世に伝えていくための有力な方法になります。

そして、欧米人の富裕層は、むしろそうした背景に自分が関係することを喜び、積極的に関わろうとしてくれます。

日本では近年、ＳＤＧｓ（持続可能な開発目標）がキーワードになっていますが、その一環として、世界的にレスポンシブル・ツーリズムへの意識が高まっています。

これは一義的にはオーバーツーリズムへの対応、持続可能な観光などがメインですが、同時に、観光があるからこそ起こせる「いい影響」に加わってくれるよう呼びかけることで、一緒に観光先の魅力を守り、伸ばしていく体験を提供することもできるわけです。そして、欧米富裕層にはこうしたアピールが響きやすいと感じます。

旅先で気に入った地域の問題を知り、少しでも解決に関われれば、それ自体が素晴らしい体験になりますし、再度訪問したいという意欲もがぜん高まってくるに違いありません。

京都に日吉屋という、江戸時代後期創業の和傘の老舗があります。

現代の和傘には実用的な需要がほとんどないため、職人は加齢とともに抜けていくばかりで、後継者がなかなか現れません。そこに外部からやってきた西堀耕太郎さんは、技術を磨きながらやがて五代目当主となって店を引き継ぎ、全国の伝統産業従事者と関わりながら、「日吉屋クラフトラボ」というビジネスを立ち上げました。現在は、和傘製造の技術やデザインを、照明器具やインテリアデザインなどに展開する一方で、売上のうち一定の割合を上乗せし、伝統工芸を残していくために使っています。

商品としても魅力的ですが、こうしたストーリーは欧米人の心の琴線に触れるので、その照明器具を買うことで日本の伝統を守る助けになっていること自体が、よい体験になるということになります。実際、海外からの注文も多いそうです。

私は、同じような考え方を、ぜひ地域そのものの文化や伝統に置き換えて考えてみてはどうかと思っています。

高付加価値のインバウンドは、地域に人と文化を残していくチャンス

富裕層の観光ニーズを発見し、取り込んでいくことで、過疎化、少子高齢化、そして経済成長の不振に苦しんでいる日本の地域によい影響を与え、さらにその価値を観光客とも共有できればいい……これが、私の一つの願いです。

私も仕事柄、全国各地を飛び回っています。少子高齢化はマクロ的な現象であって、一地域ではどうしようもない問題ではありますが、それでも、かつては人通りの多かっ

たであろう町が閑散としていたり、集落が維持できなくなったりするような状況を目の当たりにすると、胸を衝かれるものがあります。

私が欧米人旅行者を対象としたビジネスを立ち上げた理由、そしてそこで得た知見をもとにコンサルタントを始めたきっかけは、魅力ある地方を欧米人に発見してもらい、送客することにあります。

特に、消費意欲の高い富裕層による支出が期待できることで、地域の経済が活性化し、雇用が回復し、本当は地元に残りたい若年層が都会に出なくてもよくなるばかりではありません。新しい人口流入や企業の参入が増えていけば、地域自体の歴史、文化が残っていくことにつながります。

世界遺産の合掌造り集落で知られる白川郷は、知らない人が見れば厳しい過疎にさらされている地域と思えるかもしれませんが、実際は旺盛な観光需要を受けて地元の若い人が残れる環境ができています。合掌造りの維持管理は難しく、お金も手間もかかりますが、それもまた観光需要でまかなっているわけです。そんな白川郷ですら、高齢化のために空き家が生まれつつあるそうで、今までのルールを変えて外部からの参入を受け入れようとしています。ここでも、白川郷に魅せられ、守りたいという意欲がある人が集まります。やがてはそうした立場を、外国人が担う日も当たり前になるでしょう。

日本の地域活性化に残されているチャンスは、それほど多くはありません。しかしインバウンドに関してなら、ここまで見てきたように大きな機会が眠っていて、しかもさらに成長していける可能性が高いのです。

自治体の役割は大きい

実は、2024年初頭の能登半島地震で大きな被害を受けてしまった輪島も、いい循環が回り始めた矢先でした。

一度は都会に出た地元の若者たちが、観光需要の盛り上がりを頼りにUターンして起業するような流れができ始め、行政としても拠点となる宿泊施設を作り、いよいよ欧米人も含めた送客が始まろうとしていたところだったのです。

輪島を含む能登地域の魅力、そしてブランドの存在感は大きく、必ず復興していくと信じています。そして、私があえてこの話題に触れたのは、地域の観光コンテンツを開発する際に、自治体の果たす役割、あるいは自治体にしかできないことが大きいと考えるからです。

次の章で詳しく掘り下げますが、富裕層が地域に魅力を感じる理由は、その文化や歴史、伝統、自然環境などの背景に深く触れられるからです。

地域に眠っているそうした魅力を掘り起こすには、誰かがリスクを取り、また精力的に動き始める必要があります。この段階で、地域の人たちを説得し、巻き込みながら旗を振るのは、やはり公的セクターの役割が大きいのではないでしょうか。

また、地域がインバウンドをてこに再び成長を目指すとしても、最初のきっかけを作るためのリスクをすべて民間でまかなうのは難しいケースが大半です。新たな住民の流入や企業の参入を、費用面で支援するような仕組み作りも必要だと感じます。

やがてインバウンドが盛り上がりを見せ始めたら、目的税などをうまく活用しながら、さらに魅力ある地域作り、そして住んでいる人にとっても恩恵が感じられる町作りに、よりお金が回るようになるでしょう。

欧米富裕層向けのコンテンツ開発は、その柱になるパワーを秘めているのです。

第3章

富裕層・高付加価値層とはどんな人たちなのか?

欧米の富裕層、人数ではわずかだが……

欧米人の富裕層をいかに取り込んでいくか――。その戦略を練る前に、日本人にはなかなか知られていない欧米富裕層が実際にはどんな人たちなのか、そもそも富裕層とはどのようなものの考え方をしていて、何に魅力を感じるのかを知っておいたほうが有利なのは言うまでもありません。

私は、実際に日本でお金を使う欧米富裕層を間近で見る仕事をしています。この章では、そこでの気づきも含め、私たちが知っておきたい富裕層のペルソナを分析していきましょう。

まず、日本のインバウンド需要における欧米の富裕層をクローズアップする前に、そもそも富裕層にはどのくらいの存在感があるのか、全体像を知っておいたほうがいいのではないかと思います。

富裕層とはどんな人たちを指すのか。まずはその定義から始めてみましょう。とは言いながら、実は富裕層自体に決まった定義は存在しません。調査ごと、あるいは地域ごとにカテゴリーが作られ、線引きがされているのが現状です。

日本国内のニュースでよく引用されているのは、野村総合研究所が2年おきに発表している推計です。ここでは、「富裕層」を純金融資産保有額1億円以上5億円未満、「超富裕層」を同5億円以上としています。日本語における富裕層の別名が「億万長者」だということを考えれば、日本人としてはしっくりくる感覚かもしれません。

一方、世界的によく使われている尺度は、たとえばアメリカの調査会社・ウェルスX社による、次のようなカテゴライズです。

▼HNW（High Net Worth）＝「一般の富裕層」100万ドル〜500万ドル
▼VHNW（Very-HNW）＝「超富裕層」500万ドル〜3000万ドル
▼UHNW（Ultra-HNW）＝「ウルトラ富裕層」3000万ドル以上
▼ビリオネア（Billionaire）＝UHNWの中で、さらに10億ドル以上

ここでは、2つのポイントを指摘しておきたいと思います。

まず、繰り返し述べているように、アフターコロナと並行して起きている円安のために、日本人の考える1億円の価値は大きく下がっているため、ドルベースで考えた

ほうが適切でしょう。つまり、富裕層の下限である100万ドルの保有者であっても、現在の日本では1億数千万円の資産に換算されるわけです。

もう一つは、海外の富裕層ビジネスでは、富裕層自体の幅が上方により細かく区分されていることです。日本では一般に5億円を保有している人は「超富裕層」と考えられているのに対して、円安のため、5億円だと海外では「一般の富裕層」となってしまいます。

反面、日本人にとっては「超富裕層」でひとまとめにされている層も、海外では3段階に分かれています。当然、マーケティングの手法やアプローチも違ってくることになります。

富裕層はどこにいるのか?

次に、世界の富裕層はどこに存在しているのか、そして「偏在」しているのかを見ていきましょう。

図表8 富裕層各セグメントの状況

HNW＋VHNW 人口トップ10の国・地域（2018）

順位	国・地域	人口（前年比成長率）	資産総額（10億USD）（前年比成長率）
1	米国	8,676,985(2.3)	22,683(2.3)
2	中国	1,880,215(3.9)	4,989(3.9)
3	日本	1,618,670(1.3)	4,394(1.3)
4	ドイツ	1,022,625(4.9)	3,010(4.9)
5	英国	893,905(1.5)	2,426(1.5)
6	フランス	877,380(4.7)	2,449(4.6)
7	カナダ	505,010(-1.1)	1,597(-1.1)
8	韓国	476,600(-1.2)	1,313(-1.2)
9	オーストラリア	473,600(-2.3)	1,160(-2.2)
10	イタリア	418,090(6.2)	1,219(6.2)

トップ5カ国の構成比：人口63％、資産61％

VHNW 人口トップ10の国・地域（2018）

順位	国・地域	人口	資産総額（10億USD）
1	米国	836,130	8,201
2	中国	232,406	2,315
3	日本	167,190	1,661
4	ドイツ	126,338	1,283
5	フランス	93,811	936
6	英国	94,368	933
7	カナダ	69,936	727
8	香港	57,493	600
9	韓国	49,694	493
10	イタリア	50,737	514

トップ5カ国の構成比：人口55％、資産54％

UHNW 人口トップ10の国・地域（2018）

順位	国・地域	人口	資産総額（10億USD）
1	米国	81,344	9,836
2	中国	24,960	3,763
3	日本	17,856	1,671
4	ドイツ	15,678	1,848
5	カナダ	10,391	1,052
6	フランス	10,148	1,046
7	香港	8,952	1,180
8	英国	9,575	1,009
9	スイス	6,143	808
10	インド	5,827	810

トップ5カ国の構成比：人口52％、資産51％

出所：観光庁「上質なインバウンド観光サービス創出に向けて」報告書

保有資産100万ドル以上の富裕層は、総数では世界に6000万人前後存在していると見られていますが、ウェルスX社による、2018年時点での富裕層の多い国をカテゴリー別に見ると、いずれもアメリカ、中国、日本の順に並んでいます。一方、日本はUHNWのレベルになると、やや比率を減らしていることがうかがえます。

そのはっきりした背景は私の専門外ですが、日本には「一般的な富裕層」は多いものの、「飛び抜けた富裕層」は相対的に多くないと言っていいでしょう。そう考えると、日本人は国内で飛び抜けた富裕層に接する機会は少なく、日本人のイメージにおける富裕層のインパクトは、世界における実際の姿よりもやや小さめに受け取られている可能性があるのかもしれません。

そして、数的にも保有資産の面でも圧倒的な存在感を示しているのはやはりアメリカです。2位の中国の4倍以上を数え、そもそも総人口ではアメリカは中国の4分の1でしかないのですから、いかにアメリカに富裕層が多いかがわかります。

また、中国と日本を除けば、やはり多くが欧米諸国で占められていることもおわかりいただけるでしょう。

一方、人口14億人を抱え、急速に経済成長してきた中国には、世界2位を占める富裕層のグループが存在します。ただ、繰り返しになりますが、富裕層は一般に、多額の予算と長い日程をかけて遠くの旅行先を目指すことが多いため、中国の富裕層にとって、日本は旅行の対象にはなりにくいと考えるべきでしょう。中国をはじめとするアジアの富裕層が好む旅行先は、ヨーロッパ、北米が不動の2トップであり、アフリカ、そして東南アジアや南アジアと続きます。日本を含む東アジアはさらにそのあとです。もっともこれは、反対に日本の富裕層がどんな旅行先を選択するか想像してみれば、納得もしやすいでしょう。

この事実はむしろ、アメリカをはじめとする欧米の富裕層にとって、日本は遠くの旅行先であることを示唆しています。その上、実際にアメリカやカナダ、ヨーロッパ各国からの需要は急拡大していて、もともとインバウンドの上客だったオーストラリアからの誘客も引き続き堅調です。

これはつまり、思った以上に大きな可能性が、今日本のインバウンドに開かれつつあることを示しているわけです。

これも繰り返しになりますが、日本のインバウンドにおいて、富裕層の旅行者は全体のたった1％に過ぎないのに対して、消費額で見るとすでに全体の約14％を占めるまでになってきています。その多くは、欧米からの観光客です。

しかも彼らがリピーターとなって再び来日するなら、関心はより地方へと、あるいは個人的な関心を追いかけてどこへでも出かけるようなスタイルになってくると考えていいのではないでしょうか。

欧米富裕層のインバウンド需要は始まったばかり

私の出会ったアメリカ人の富裕層観光客も、おおむねそうした経緯をたどっていると言っていいでしょう。

日本に対する当初のイメージは、まずはとにかく「遠い国」であり、「謎めいた国」「神秘的な国」です。そして当然ながら、「遠い日本」にやってくるまでに、世界各国の素敵な旅行地を何度も、何カ所も回っています。アメリカ国内にもたくさんの観光地があり、そもそもアメリカ人は、国内旅行を相対的に好む傾向にあります。さらには、日本よりもカリブ海やヨーロッパ、アフリカのほうが近い距離にあります。

そうしたところを回り尽くした富裕層が、いよいよ新しい刺激を求めて日本にやってくるわけです。ある意味では「プロの旅行者」、旅行に対しては相当な鑑識眼と経験値を持っていると言っていいでしょう。

また、ヨーロッパをはじめとするどのメジャーな観光地と比べても、恐らく日本の文化や言語は特殊で、たとえ関心があっても少したためらう人もいるかもしれません。その中であえて日本を選んだ人は、相対的に好奇心が旺盛で、すでに日本に対して十分に期待を高めた上でやってきます。

私たちがお世話をする欧米富裕層のお客さままで、ビジネスではなく観光目的の旅行に限って言えば、現時点では日本旅行が初めてという方が圧倒的に多く、リピーターはまだ5％にも満たない状況です。

これは、悲観的なデータではありません。欧米からのインバウンド需要はまだ始まったばかりというのが、現場を見ている私の感覚です。

初めて日本に来た富裕層には、帰国前のタイミングでフィードバックをもらうため、できるだけ感想を聞くようにしています。もちろん、多少のリップサービスはあるにせよ、大半の方は「もう十分満足した」「一度来れば十分だ」というよりも、「もっとしたいことがあったのに残念だ」というスタンスで話してくださいます。いずれまた日本に来たいかという問いかけにも、ポジティブな回答が返ってくることがほとんどです。

もっとも、富裕層は1年～2年先の旅行を計画していることも珍しくないので、すでに次の旅行、その次の旅行くらいまでは、計画が完了しています。リピーターとなって戻ってくるのはさらにそのあとで、1年～数年後くらいのイメージです。

そして、より手応えを感じるのは、現段階では5％にも満たないリピーターの方たちのリアクションです。

去年来日して、今年も来日する人。1回目は家族連れで長期滞在したのに対し、どうしてももう一度来たいので一人でわざわざ短い日程にもかかわらず来た人……その「本気度」は、日本のインバウンドの可能性を感じさせるのに十分です。

そんな中、欧米豪で、コロナ禍前から日本旅行に対する関心が例外的に高かったのはオーストラリア人です。ニセコや長野県・白馬の主役と言えばわかりやすいでしょうか。

まず、オーストラリアは東南アジアを除けばどこに対しても地理的に離れているため、オーストラリア人にとって日本が圧倒的に遠い国という感覚はあまりありません。

もちろん、文化や言語の違いによる不安はありますが、その一方で日本とオーストラリアは経度が近いために時差がわずかで、遠い旅行先なのに身体的な負担が小さいという大きなメリットも存在します。夜に日本行きの飛行機に乗れば、朝起きてそのまま日本を楽しめるわけです。

しかも、休みの取り方のスタイルは完全に「欧米型」です。さらに言えばアメリカ人よりも休暇期間が長い傾向にあります。

こうした流れから、30年以上前からオーストラリア人の中で日本のよさが共有され、長い間リピートしている人が多くなっているわけです。

年齢層によって富裕層の期待は違うこともある

日本にやってくる欧米富裕層はさまざまですが、私たちのお客さまを総合的に考えると、メインとなるパターンは、やはり50~70代の夫婦です。ただし、すでに紹介した通り、そのパターンが子ども世代を含めた二世代になったり、孫まで含めた三世代になったりしているのが、アフターコロナの新しい傾向です。

そんな彼らに共通して感じるのは、知的好奇心の高さです。

彼らとしたら、わざわざ遠い日本に長い時間をかけて行くからには、日本でしか体験できないもの、見られないものを必ず押さえておきたいという意欲が高く、日本の文化や自然の景観など、欧米にはないものへの関心が高いと言えます。多少大げさに表現するなら、日本に対して「不思議な国」あるいは「神秘的な文化」といったイメージを抱き、自分の目で確認することを楽しみにしています。

総じて未知の国や文化に対する探究心や、まだ知らない場所を楽しむ冒険心のようなものを感じ取ることができます。また裏を返せば、そうしたものを日本旅行に期待していると考えていいでしょう。

このあたりは欧米富裕層におおむね共通しているのですが、同時に欧米富裕層も多様化していて、なかなか一括りでは語りにくくなってきている面もあります。

特に、年代による好みの違いや最近の傾向などは、ぜひ知っておきたい要素です。

たとえば、もともとの富裕層観光客のメイン層である50~70代の夫婦は、ベビーブーマーであって、いわゆる「クラシック・ラグジュアリー」層と呼ばれています。イメージとしては、ホテルや食事をはじめ、どのようなジャンルに対しても快適で豪華、レッドカーペットが敷かれた5つ星ホテルで至れり尽くせりの対応を求めるという、ある意味ではわかりやすい富裕層です。彼らは、世間の評判が高いブランドはよいものだと考えますし、普段の自分たちのライフスタイルを、旅行先でもできる限り貫き通したいと考える傾向にあります。

他方で、より若年の富裕層も増えていて、彼らもまた日本旅行を楽しみ始めています。ビジネスや投資などでいち早く大きな成功を収め、40代以下でも旅行に思い通りにお金を使える新しい富裕層のイメージです。

彼らは近年「モダン・ラグジュアリー」層と呼ばれていて、前述の「クラシック・ラグジュアリー」とははっきりとした違いがあります。

上の世代が相対的な評価を重視する傾向にあるのに対して、彼らはいわば「新しいラグジュアリー」、つまり自分のこだわり、自分自身の人生における意味や意義を大切にする傾向にあります。そこに高級感はあまり関係ない代わり、他人から見れば意外なものに高額の支出をすることをためらいません。

すべてが高級である必要はなく、移動や宿泊にあまりこだわりがないのであれば一般層の使用するレベルでもかまいませんし、富裕層であるがゆえに敬意を払われたい、丁重に扱われたいという意識もあまりありません。しかし、自分の中でインスピレーションが湧いたものに対しては、惜しむことなくお金を注ぎ込みます。

こうした、2つの方向性や傾向の違いは知っておいていいでしょう。特に日本のインバウンドの場合、「モダン・ラグジュアリー」層にいかに楽しんでもらえるかが、今後の大きなチャンスになり得ます。

ありがちな富裕層像ばかり考えていると、こうしたニーズは見逃してしまいかねません。私の思い過ごしかもしれませんが、日本では、たとえば30〜40代の富裕層というと、一般にあまりいいイメージは持たれないのかもしれません。鼻持ちならない「成金」、はたまた、たまたま投資で大当たりした「億り人」などとレッテルを貼られ、揶揄されるような雰囲気もあるのではないでしょうか。

そうした人たちの中には、食事はインスタントやファストフードでよく、服装はSPA（製造小売業）ブランドでもかまわない代わり、自分の趣味や関心事には惜しみなくお金を使う傾向にある人がいますが、恐らくシリコンバレーで成功し、高所得を得ているような人も似たようなタイプだと考えていいでしょう。

図表9　欧米富裕層旅行者の傾向には2つのタイプがある

クラシック・ラグジュアリー層
50〜70代の夫婦

傾向の特徴

・相対的な評価を重視
・高い快適性
・サービスの質の高さ
・ステータスシンボル

モダン・ラグジュアリー層
30〜40代

傾向の特徴

・自分のこだわり、生きる意味・意義を重視
・文化や独自性に重きを置く
・興味・関心のあるものにはお金を使う
・本物の体験やエコツーリズムなどに興味あり

つまり、彼らのそうした「趣味や関心事」にうまくマッチできれば、思わぬ高い評価を受け、旺盛に消費してもらえることもある、というわけです。このあたりは、日本の観光地ではあまり慣れていない考え方かもしれないので、ぜひ知っておいていただきたいポイントだと思います。

5つのC――欧米富裕層にとっての「ラグジュアリー感」とは?

欧米富裕層を誘客するためには、彼らの好む「ラグジュアリー感」を提供する必要があります。しかし、これまで見てきた通り富裕層は個性的で、どのジャンルやコンテンツが広く受け入れられるかを語るのは非常に難しいと言えます。

では、地域が持っている力をどのように欧米富裕層に訴えていけばいいのか――を考えるには、ラグジュアリーな体験をいったん要素に分解し、掛け合わせながら考えるといいと思います。

その際、とても役立つのが、「5つのC」です。それは、

・Culture（文化）
・Community（コミュニティー）
・Cuisine（食・料理）
・Contents（コンテンツ・体験）
・Customization（カスタマイズ、要望や嗜好に沿う）

を指しています。

5つのCを読み解くポイントは、ラグジュアリーが必ずしも「お金がかかっている」とは限らない点です。一つひとつ説明していきましょう。

カルチャーとは当然、文化のことを指すわけですが、富裕層観光客は、訪れることになった旅先の文化を知りたいという、教養人としての欲求を持っている点に思いを巡らせてください。文化やその歴史を情報として掘り起こし、彼らに何らかの学びや新鮮さ、インスピレーションを感じてもらえるかどうかは、ほかの4つのCとも強く関わりますし、また補強する材料にもなります。

コミュニティーとは、わかりやすく言うと、地元の方たちとの交流のようなイメージです。

ただでさえ言語や文化が違う欧米人にとって、観光ビジネスの担当者以外の、「普通の日本人」、地元の人と話をする機会は、通常ならほとんどありません。仕方がないと考えることもできますが、反対にそれ自体が大きな意味や価値を持っている点にぜひ注目してください。遠く離れた国にやってきて、コミュニティーの中に交ざりながら、そのほかのCを満たすことができれば、満足度はさらに上がるでしょう。

それぞれの地域では、今の時代、コミュニティーを維持し、日々の生活を楽しくするためのイベントを開催していると思いますが、場合によってはそれが欧米富裕層にとって忘れがたい「ラグジュアリー感」にできるかもしれません。何気ない出会いや会話が、新しい発見や刺激になるかもしれないわけです。

食や料理は、どんな旅行であっても必ず一定の重みを持ちます。もちろん、高級食材を使い、一流の料理人が腕を振るう料理はおいしいわけですが、地元の食材を使って、食材や料理の歴史を学びながら地元の方たちと一緒に作った料理であれば、出来栄えとしては劣っていたとしても素晴らしい価値を持つでしょう。

丹波篠山《たんばささやま》には古民家を改修した「古民家の宿　集落丸山」という宿泊施設があり、ここでは一軒家で過ごしながら、たとえば朝には地元の方たちが地元の食材を持ってきて朝食を作ってくれるようなイベントを用意しています。まるでコミュニティーの中に溶け込んだような状態で、目の前ででき上がる手作りの食事が味わえるわけです。

コンテンツ・体験とは、その内容や体験が、そこでしか味わえない、あるいはそこで味わうことに意味のあるものになっているかどうかです。それが実感できれば、その気持ち自体が高付加価値で特別な体験になり得ます。

そして最後のカスタマイズは、少し理解しづらい要素かもしれません。もちろん、日本でも一般的にカスタマイズという言葉はサービスの一要素として使われますが、富裕層が求めるカスタマイズ、あるいはその場で出す要望には、可能な限り対応できるよう、喜んで努力することがとても大切だということです。

日本の、それも東京からも遠く離れた地方にやってきた富裕層にとって、その1日、その一瞬はとても大切な価値があります。まして、その日だけでもいくつもの新しい発見や体験があり、刺激を受けている状態です。そこで、彼らの中で何かしら新しいインスピレーションが湧いたとしたら、ぜひその場で実現したいと考えるのが一般的でしょうし、実際に実現できればさらに素晴らしい価値を生み出すでしょう。

しかし、もしここで私たちから富裕層に向かって、「あらかじめ予約した内容や規定に従ってほしい」「それは不可能だ」「急に言われても困る」「気まぐれでわがままな観光客だ」と言ったら、すべては台無しになってしまいます。

あらゆるリクエストに応じることは不可能でしょう。しかし、順を追って何かを体験してもらっているうちに、途中の何かにはまってしまわれたり、そればかりをもっとやりたいと言い出されたりするケースは珍しくありません。その結果、全体の時間の調整がうまくいかず、前後を入れ替えたり、何かの予定を飛ばしたりすることも起こり得ます。

地域の皆さんが協力しながら、地元の魅力を発掘し、観光コンテンツにしていく過程では、地域を誇り、また正しく知ってほしいがために、じっくり時間をかけて体験してほしいと願う気持ちが強くなりすぎる場合がどうしてもあります。もちろん、一面ではその通りなのですが、その一方でこれは、第4章でも説明するマーケティング戦略における、典型的なプロダクトアウト（顧客のニーズよりも、売る側、生産する側の都合を優先させること）になってしまいます。誤解を恐れずに言えば、「押し付け」

になりかねない危険性があるわけです。

あくまで、観光客が楽しいと感じてこその観光ですし、富裕層観光客に関しては、本人がそう感じていること自体が地域のマネタイズを最大化するための大切な要因になります。観光をしてもらう側の考え方に埋没している地域では、ストーリー性もなく、ただ高単価なコンテンツを作ってしまうケースが散見されます。そして、コンテンツを作った地域の方たちですら「なぜ高いか」をしっかり説明できないこともよくあります。

高ければ富裕層向け商品になるわけではありません。当然ながら、そのような商品は販売しづらく、実績につながりません。

ならば、たとえば柔軟な運用ができるように、いろいろなオプションを最初から想定しておいたほうが、トータルでは得るものが大きくなります。

また、追加料金などの面にしても、しっかり説明をすれば希望通り支払ってくれることがほとんどです。彼らにとってはお金よりも、その場の自分のインスピレーションのほうがよほど重要だからです。

このように、5つのCはバラバラに見るのではなく、組み合わせて考えることで、地域の有する文化や人材から思わぬ競争力のあるコンテンツを見出《みいだ》すことができるでしょう。

本当に潜在訪日層に合った地域の独自観光資源を生かし、彼らが魅力的だと感じるコンテンツが入っているのか。そして持続性がある商品なのか。このあたりについて地域の方々には意識を高く持ってほしいと感じます。そのためには専門分野に精通しており、販売実績を有する方々の話に耳を傾けることが重要です。

日本観光の季節要因にもチャンスが？

日本の観光地は、季節要因がかなり大きい場所だと言えます。台湾や東南アジア、そして季節が反対のオセアニアの人たちにとって、日本の冬景色は魅力的なものとして映りますが、それを除けば、やはり桜が見られる春先、そして紅葉の秋〜晩秋などが、人気の2大シーズンだといえるでしょう。

なかでも、花見シーズンの人気はダントツです。当然、この時期の日本旅行が、通常よりも割高になることは外国人観光客にもすでに知られており、インバウンドの人

青森県弘前市にある弘前公園の桜は、ゴールデンウイーク中に見頃を迎えることが多いそう（写真提供：PIXTA）

気が上がるにつれて、予約を入れること自体が難しくなってきています。

どうしても桜が見たいというわけではないのなら、私たちはあえてピークを外して来日することをおすすめしています。

残念なのは、日本人には比較的よく知られている「桜前線を追いかける」北への旅行が、少なくとも欧米富裕層にはまだあまり知られていない点です。

どうしても桜が見たいけれど細かい時期が選べない場合は、東京の満開予想日よりも遅めの時期に来日した上で、その時点での桜前線を追いかければ確実に満開の桜が見られることになります。日本人にとっては半ば常識とも言えることでしょうが、まだ日本旅行に慣れておらず、地域ごとの気候の違いにも詳しくない欧米人には、直感的には理解しづらい話です。

絶対に東京や京都で桜を見たいというのなら仕方がありませんが、そうではないのなら、北に向かって桜を追いかける富裕層を受け入れるような体制作り、あるいは広報戦略や発信をしていくといいと思います。ゲーム感覚もありますし、たまたま桜を追いかけていたら別の素晴らしい文化や料理に出合えた、という偶然の楽しさも演出できるかもしれません。

東北地方にも、日本らしい文化を感じられる観光コンテンツはたくさんあります。その中から、偶然ある富裕層が「自分の好きな日本の小都市」を見つけてくれるかもしれません。

初回はやはりゴールデンルートだが……

アフターコロナでは、ゴールデンルート以外の旅行も増えてきていると述べましたが、これはある意味必然でもあります。

まず、一般に人は、一度行ったことのある場所よりも、行ったことのない場所に魅力を感じます。ヨーロッパ、アフリカ、日本……と旅して、日本を気に入ったとしても、2回目の旅行でもまた東京〜金沢〜京都を回るかというと、そういうケースはあまり多くありません。

そこで、私たちのところに寄せられるリクエストに応える際や、私たちの側から提案する際に、たとえば2度目、3度目の来日の場合であれば、九州や沖縄、北海道などが対象になるケースが増えるわけです。欧米富裕層の需要取り込みという意味では、こうした地域にとってのチャンスは目前に来ていると言えるでしょう。

ただし、それもまた富裕層の希望次第です。一度は日本を経験しているのですから、日本旅行のよさはかなり体感的に知っていますし、次回の日本旅行でより深く追い求めたいテーマも絞られています。ならば、九州、沖縄、北海道以外でも、富裕層個人の要望に沿って、いろいろとおすすめできる地域のオプションがあればあるほど、彼らの満足感を高めることができるはずです。

日本の食文化を探ってみたい――、ありきたりなリゾートではなく日本の本物の地方にゆっくり滞在してみたい――、日本の自然を体感しながらトレッキングやサイクリングをしてみたい――などといった場合、どこの地方、地域をすすめるかというより、むしろ富裕層を受け入れている実績や評判がある地域を優先して考えます。ということは、2度目の日本旅行の目的地として有力視される九州や沖縄、北海道の有名観光地ではなくても、富裕層のリクエストと合致さえすれば、その地に彼らを招くこともできるわけです。

そして実績が作られ、あとで述べるような口コミでも高い評価を得られれば、それを見たほかの富裕層もやってくるようになります。数年後には、地域の魅力をよく理解し、支出も惜しまない富裕層のホットスポットになっているかもしれません。

ルートの多様化、いろいろなカードがあればあるほどみんなハッピーに

日本旅行をする際、一カ所に留《とど》まり続ける富裕層観光客は多くはなく、数週間〜1カ月にもわたる期間中、何度か移動することが一般的です。

ところが、その移動の仕方は、近年多様化しています。

ゴールデンルートを例にすると、東京→高山・金沢→京都という流れで仮に2〜3泊ずつ配分したとすると、2〜3週間の旅行の半分程度は決まってきます。ここに、

さらに好みに合わせてトッピングするような形で旅の流れをデザインします。たとえば、直島などの瀬戸内エリアや広島を足したり、富士山を入れたりするのが最近のトレンドです。

ルートの多様化は、こうしたメジャーな流れの中にうまくはまります。たとえば、トレッキングが好きなら、熊野古道や中山道の馬籠《まごめ》周辺を加え、サイクリングが好きならしまなみ海道を加える……といった感覚です。東京や京都はどんな趣味や嗜好を持っている人でも楽しめますが、日本旅行のリピーターになればなるほど、自分の好きなこと、自分のやりたいことをより反映させるようなルートを望むようになります。

地域の魅力を掘り起こす際に、地域の実情と、旅行を含めた最近のトレンドをうまく組み合わせることができれば、予算のかけ方や広報のあり方なども方向性が決まってくるでしょう。こうした際は、マーケティング的な戦略を立てることがとても重要になってきます。

富裕層のお金の使い方と規模感

富裕層とひと口に言っても、その「階層」については、すでに述べた通りかなり大きな違いがあります。ギリギリ富裕層に入る人と、「超富裕層」の人の間だけでも数倍の資産の差があるわけで、お金の使い方も変わってきます。

「一般の富裕層」であれば、日本にもそれなりに存在しますし、観光ビジネスに関わっている人ならある程度経験があるはずです。一方、「超富裕層」や、ビリオネアともなると、日本国内ではなかなか直接関わる機会がないため、どのくらいの規模感で、どういったお金の使い方をするのか、想像するのが難しいのではないでしょうか。

残念ながら、統計的なデータがないため、あくまで私たちが接している方たちの実例からの逆算になりますが、まず、保有している金融資産が数億円規模の「一般の富裕層」の場合、来日して消費する金額は旅行全体で100万円台の感覚です。移動や宿泊の費用を除いても、その日の気分次第で可能な臨時の出費が1日10万円以上であるケースが一般的です。

こう述べるだけでは、少しイメージがつかみにくいかもしれません。そこで、当社が手配した複数の「超富裕層」観光客のパターンから、一例として2000万円を支出する家族旅行の行程と予算を解説しましょう。

アメリカ人の4人家族、子どもは小中学生、14日間の旅行とします。私たちが旅程を作成する際は、このようなゲストの家族構成、年齢、健康状態、季節、興味、予算など、さまざまな要素を考慮することは、言うまでもありません。

空港到着後、空港アシスタントがボーディングブリッジで待機しています。アテンドを受けて優先レーンを通り、優先的に入国審査を受けます。

待機していた革張りの高級車両に乗ってホテルへ向かいます。大荷物の場合を考え、車両は2台用意することもあります。

宿泊施設は最高級ホテルのスイートルーム＋コネクティングルーム。お子さんはコネクティングルームを使います。地方では旅館を好んで宿泊する方も多いと感じます。

各都市での滞在中は、専属の通訳ガイドとドライバーが付き、観光や体験プログラムを堪能します。体験プログラムの例を挙げると、寿司店の大将の豊洲市場への買い付けに同行する特別プラン、一般非公開の寺院で茶道体験、職人の工房への訪問などもあれば、お子さん向けに忍者体験、秋葉原やポケモンカフェに行くこともあります。食事は、会員制レストランやミシュランで星を獲得している有名レストランへご案内することもありますが、その一方でラーメンやB級グルメなど、日本らしいローカルグルメへの需要も高いと感じます。

都市間の移動はすべて新幹線のグランクラスやグリーン車ですが、地方から地方へ行く場合はアクセスに時間を要するため、次の項で述べるようにヘリコプターを活用することもあります。

このご家族の場合は、丹波篠山から南木曽への移動にヘリコプターを利用しました。電車で行けば4時間かかるところをたった1時間で移動できます。さらにその後、南木曽から箱根の仙石原《せんごくばら》までも同様にヘリコプターで移動しました。ヘリを活用することで宿泊施設で十分にリラックスできる時間を確保できますし、ストレスフリーで移動することが可能です。

このご家族は2000万円を使いましたが、日本到着時から帰国まで、すべてが超高級である必要はありません。地方に5つ星の宿泊施設がないことは旅行者もわかっています。

ただ、その地域の魅力（コンテンツ）と5つ星のホテルでの滞在を天秤《てんびん》にかけたときに、それでもその魅力を体験したいという気持ちがあるなら、ゲストは迷わず行くでしょう。むしろそのように思ってもらって地方へ送客できるように、私たちも日々提案を行っている、というわけです。

このように、いかに「超富裕層」の購買力があるかがおわかりいただけたと思いますが、一般的な旅行者と富裕層の旅行者には明確な違いもあります。

たとえば一般的な日本人の旅行のように、全体の予算が10万円程度であれば、最終的に支出した金額も元の予算の近辺で収まるケースが大半でしょう。その一方で富裕層の支出は、あくまで「支出したくなった場合に支出できる枠」のようなイメージで捉える必要があります。つまり、特にお金を払う必要がないのであれば、無理に使うこともないわけです。

そして、この状況を別の角度から見ると、興味や関心事に出合うことさえできれば、今日という日、今という一瞬を自らのために最大化すべく、惜しみない支出や消費をすることになります。それができなかった旅行は、もしかすると「期待していたほど面白くなかった旅行」という評価なのかもしれません。

充実した時間を過ごせるのであれば、臨時の支出は惜しまない。それが富裕層の消費の大きな特徴です。となれば問題は、受け入れる側が、どれだけ富裕層の心を動かし、興味を持ってもらえるかにかかっているわけです。

移動手段はヘリコプター？「近い」という感覚の違い

富裕層と言っても、海外のカテゴリーで最低レベルの100万ドル〜500万ドルの資産を保有する「一般の富裕層（HNW）」や、500万ドル〜3000万ドルの資産を保有する「超富裕層（VHNW）」、3000万ドル以上の資産を保有する「ウルトラ富裕層（UHNW）」では、行動がいろいろと違ってきます。

たとえば、旅行中の主要なニーズで考える場合、一般の富裕層ならば、近距離はエコノミークラス、長距離ならビジネスクラスで、ホテルはスーペリア〜デラックス、つまり一般層の1〜2段階上がメインですが、超富裕層になると、移動はビジネスクラスかファーストクラスになり、ホテルもジュニアスイートやスイートを選ぶように

図表10　海外富裕層といっても3つに分けられる

ウルトラ富裕層（UHNW）

・資産：3000万ドル以上（約40億円以上）
・旅行での長距離移動：プライベートジェットやヘリコプター
・宿泊先：ホテルを貸し切り
・ウルトラ富裕層の中で、さらに10億ドル（約1400億円）以上は、ビリオネアと呼ばれる

超富裕層（VHNW）

・資産：500万ドル〜3000万ドル（約7億〜40億円）
・旅行での長距離移動：ビジネスクラスまたはファーストクラス
・宿泊先：ジュニアスイートやスイートルーム

一般の富裕層（HNW）

・資産：100万ドル〜500万ドル（約1億〜7億円）
・旅行での長距離移動：ビジネスクラス
・宿泊先：スーペリア〜デラックスルーム

なります。

そして、さらにその上の「ウルトラ富裕層」ともなると、移動はプライベートジェットやヘリコプターを使い、航続距離の面でどうしても問題があればファーストクラスです。そして宿泊は貸し切りがメインとなります。


実際、前述の通り、私のお客さまの中にも、日本旅行中にヘリコプターを駆使する方が少なからずいらっしゃいます。

ラグジュアリーホテル「アマン」ブランドのホテルで伊勢志摩の英虞湾《あごわん》を望む「アマネム」は、温泉付きのコテージで構成されていて富裕層に人気が高いのですが、近くにヘリポートがあり、送迎の手段が整っているのもその理由の一つとなっています。

名古屋や京都あたりからだと、ヘリコプターの移動にちょうどいい距離感ですが、私のお客さまの中には、東京からヘリコプターでそのままアマネムまで移動することを望む富裕層もいます。90分ほどかかるために快適性の面からはあまりおすすめできないと回答しても、途中で空から富士山を眺めたいという気持ちが強く、結局そのまま手配することになりました。価格は片道100万円以上しますが、それが問題になる

全長24メートル以上の大型プライベートヨット「スーパーヨット」
（写真提供：PIXTA）

ことはありません。

ウルトラ富裕層ともなると、移動の概念、あるいは「近い」という感覚が、私たちの常識とはかなり異なります。京都や直島、富士山周辺にもヘリポートがありますが、それらを利用すると、私たちの常識では考えられない距離感、時間感覚で、まるでワープするかのように移動できるのです。

裏を返せば、ヘリポートの整備は、ウルトラ富裕層に対し、大きなアピールポイントになるのです。

付け加えますと、あるお客さまから、自前のスーパーヨット（全長24メートルを超える、大型のプライベートヨット）で日本の各地を巡りたいので、入港できる場所を手配してほしいというオーダーを受けたこともあります。まさにウルトラ富裕層、ビリオネアのなせる業ですが、日本にはすでに年間2桁のスーパーヨットが来ているそうです。もっとも、富裕層本人はプライベートジェットやファーストクラスで来日するので、ヨットをあらかじめ回送しておきたい、というわけです。

ところで、日本でこのタイプのヨットが寄港できる場所は多くはありません。その上で、希望の旅程や万が一の場合のドックとの近さも考えたり、いったんヨットを沖合に停泊させて、小型のテンダーボートに乗り換えられる場所を探したりしながら旅程を組むわけですが、つまりこれは、ヨットを受け入れられる港がある地域の観光コンテンツは、私たちの想像を絶するような富裕層から選ばれやすくなるというわけです。

だからと言って、そんなに巨額の投資が必要というわけでもなく、むしろ地元産業との調整や、許認可のアレンジの問題であったりもします。地元の力と熱意があれば、ただでさえ海岸線が長い日本では、宿泊施設の問題をクリアしながら富裕層を招き入れることもできそうです。

欧米富裕層の求めるラグジュアリー感を知るヒント

富裕層は個性的で、何をラグジュアリーと感じるかは本当にその人次第です。

すでに日本旅行のリピーターとなっている欧米富裕層を例にすると、大相撲が好きで、毎年東京での本場所開催に時期を合わせてやってくる人もいれば、日本で行われている音楽フェスティバルに毎回参加するために来日していて、そのチケットを押さえることが絶対条件という人もいます。

最近では、スキーやスノーボードが旅行の目的のほとんどを占めている方、温泉を巡っていて、お気に入りの温泉地を何度もリピートする方などなど、実にさまざまです。

桜や紅葉、相撲や豊洲市場、芸者や忍者……という、いわば「ベタ」な要素であっても、そこを深く掘り下げたいニーズは常にあります。

日本の文化の深さや裏側を探る特別な体験、本物の人に教えてもらえる機会、通常は入れない、一般の観光客には見せていないオフリミット（立入禁止）感や希少性などを演出し、しかも富裕層個人の事情に合わせてアレンジしながら、ホスピタリティーや知識を提供できれば、彼らの財布の紐は緩むかもしれません。

これが、欧米富裕層の求めているラグジュアリー感のヒントになると思います。

例として、ある酒蔵での取り組みをご紹介しましょう。

日本酒は日本の食文化の中でも人気の高いコンテンツで、最近は都市部に、外国人観光客向けの日本酒バーや、あれこれ飲み比べができて気に入った銘柄をその場で購入できるようなスタイルの「講座」を英語で提供する店も増えています。さらに、酒蔵を訪問して見学したいという外国人のニーズもあり、受け入れる酒蔵も増えています。

こうした中で、本物の体験ができ、しかも特別感があって、深く食文化、酒造文化の中に入り込めるプログラムを提供しているのが、兵庫県丹波市の西山酒造場という酒蔵です。

一般に酒蔵見学というと、日本酒の基礎から造り方の流れについてひと通り説明があり、蔵の内部をひと回りし、試飲を経て買い物を楽しむ、といったパターンが大半ですが、こうしたコンテンツは各酒蔵間で大きな差がなく、一度経験してしまえばあまり刺激を受けることもなくなります。まして、試飲は本来ラグジュアリー感を演出できる重要なタイミングなのに、日本の酒蔵では、ワイナリーとは異なり、その場で立ったまま紙コップで飲むという、とても残念な扱われ方をしているケースが大半だったりもします。

西山酒造場は、その点が画期的です。酒蔵は伝統的に専門の料理人を抱えていますが、その料理人の手によって同社が造っている日本酒とのペアリングを前提とした料理が提供され、一つひとつ説明を受けながら味わえます。しかも、地元の食材を使っています。

日本酒の製造工程や種類など、一定の知識をすでに持っている外国人でも、実際に説明を受けた上でさまざまな料理と酒を組み合わせると、格段に理解が進みます。

庭園も、酒蔵とマッチした素晴らしいものです。そして同社は宿泊施設も経営していて、泊まることができます。さらに希望者は、酒蔵の中や通常は見せていない部分までも見学することができます。その際には酒蔵が大切に守っている麹菌についての詳細な説明があり、ヨーグルトや納豆といったほかの菌が含まれる食物を前日に食べないよう言い渡されます。そうした話もまた、本物感を高めます。

私も今まで、コンテンツ開発のために数多くの酒蔵を巡りましたが、この酒蔵はトップクラスの体験を提供していると感じます。

実はこうした、単なる見学や試飲に限らず、蘊蓄《うんちく》とともに豊かな雰囲気の中で飲食を楽しむスタイルは、欧米では富裕層向けに見られるコンテンツでもあります。ようやく日本でも、こうした豊かさを提供してくれる企業が出てきたと感じています。

酒蔵はもともと観光施設ではない、他人に見せるために作られていない、という原則論を大切にするのも一つの選択ではあります。ただ同時に、リッチな環境の中でこうした高度な体験コンテンツが味わえるなら、それ自体に代価を払ってもいいし、そこをメインの目的として地域を訪れるという旅行も成立します。すると、ほかの形での収入確保や、周辺の産業への波及効果なども期待できるかもしれません。

「体験型」がなぜ重要視されるのか

この事例は示唆に富んでいて、いくつかの学びが得られると考えます。

まず、「本物感のある体験」の追求。次に、日本のインバウンドは海外の観光地と

兵庫県丹波市にある西山酒造場の蔵

西山酒造場では、日本酒と専門の料理人が地元の食材で作った料理のペアリングが楽しめる

競争しているという事実。そして、優秀なコンテンツを作っていく際の地域のあり方です。

ひと口に「体験型コンテンツ」と言っても、質は実にバラバラです。むしろこれは、日本人である私たちの立場から見ればわかりやすいでしょう。

インバウンド需要が旺盛な今、都市部ではさまざまな「体験型コンテンツ」が供給されています。

たとえば、寿司作りやそば打ち。茶道や手裏剣投げ。着物や浴衣の着付け……多くの外国人観光客が集まる場所ではもはや定番と化しているわけですが、私たちの目から見れば、わざわざそこで体験する理由もなければ、果たしてしかるべき知識や資格を持つ人が教えているのか、他人事《ひとごと》ながら心配にもなります。しょせん簡単な体験だと割り切ればそれでもいいのでしょうが、同じ理屈をその体験についての知識がある富裕層観光客にむやみに当てはめれば、どうなるでしょうか。

もともと欧米富裕層は、体験型の観光コンテンツ、いわゆる「コト」消費に強い関心を持っています。私たちもまた、多様で際立った体験型コンテンツをいろいろと開発してきました。

その中で培った感覚をお伝えすると、体験が意味する方向性は大きく2種類あると考えます。

一つは、通常ではない特別な空間に自ら入っていくこと。もう一つは、実際に自分の手や体を動かすことです。両方が同時に成立することもあります。

体験型のコンテンツを、ありきたりではなく特別なものにしていく、そして付加価値を高めていくヒントは、その両方から検討してみるといいでしょう。

私たちBOJの最初のヒット商品となった相撲関連のコンテンツですが、一般的な体験のレベルで提供されるのは、本場所観戦のためのオプショナルツアーがわかりやすい例です。まずツアーの集合場所で簡単なレクチャーを受け、国技館に移動して相撲博物館を見学し、お土産を買い、お弁当などの食べ物が提供され、観客席から取組みを観戦して現地解散……といったパターンでしょう。

ここに少し「特別感」をプラスするとしたら、完全にプライベートで、元力士と、相撲と英語に精通している通訳ガイドを押さえておき、朝稽古だけでなく両国一帯を一緒に回りながら、相撲を取り巻く文化、歴史を巡ったり、力士向けの超ビッグサイズの洋服店を回ったりしながら、想像を絶する力士たちのさまざまなびっくりエピソードまで、楽しく共有をした上で取り組みを見るような機会を提供することになります。

日本ではどうしても軽視されやすい、「なんちゃって感」

私の経験から考えても、富裕層に限らず、欧米人の観光客は体験の対象に対する「リスペクト」を持っていると強く感じます。自分の知的好奇心の対象になっているものを尊重していますし、その先を追求することをいといません。

失礼な言い方になってしまうかもしれませんが、払った金額そのものを高級感のレベルと直結させたり、高額を支払える自分自身の資力自体に誇りを感じたりしている欧米以外の富裕層の場合、相手が超一流シェフでも人間国宝でも、自分の都合や気分次第で突然キャンセルしたり、敬意のない扱いをしたりするケースがないわけではありません。

一方、欧米富裕層は、際立った関心を持っている人ほど、期待とともに、謙虚さとリスペクトの心を持ち合わせていますし、もしも文化的な背景やマナーの違いで齟齬《そご》があったとしても、説明さえすればたいてい納得してくれる洗練された人たちだと感じます。

そして彼らは、自分の生活の場所から遠く離れた国まで旅行に来ていて、目の前に自分の知的好奇心を満たせそうなコンテンツがあるのなら、ぜひ代価を払ってでも体験したいと考えています。

そんな思いを持っている方たちに、これまでの日本の観光は正面から応えてきたのか、という点は、実は重いテーマだと考えています。

たとえば、お寺の宿坊での宿泊やおつとめが体験できるツアーがありますが、なかにはもはや長年のビジネス経験からほぼ流れ作業的になっていて、チェックインからおつとめ、食事に至るまでプログラム化され、ほとんど一般的な民宿と変わらなくなっているような例もあります。

もちろん、経験的に評判がよく、人気の高いイベントを凝縮し、まんべんなく配置した上でさらにコストも削り、お手頃なパッケージ価格で提供しているという見方もできるでしょう。ただ、もしもそこにやってきた欧米人観光客、特に富裕層が、仏教そのものに関心があり、あるいは修行のスタイルや歴史を知りたくて、さらには自分自身の内面を見つめてみたくてやってきたのに、浮かんだ疑問に答えてくれる人が周囲におらず、お坊さんたちはただ忙しそうで、交流する機会も提供されず、まるでベルトコンベヤーに乗せられているような気分になってしまったとしたら、何とも残念です。別の見方をすれば、お金を払ってでも体験したい人を、むざむざ見過ごしていることにもなるわけです。

もっとも、個別温泉付きの宿坊（という表現が仏教の面で適切かどうかは別として）などの「高級化」路線に進む方法もありそうですが、本当に仏教や、そこで修行をしている僧侶たちに関心がある人に対して、ごく少人数でさまざまな交流ができ、本人の希望を受けた体験や、本物のライフスタイルに近づけるような体験を商品化するのも大いに可能性があると思います。

そして、こうしたコンテンツは、決して有名な寺院だけではなく、全国いろいろなところで企画が可能ではないかとも考えられます。

富裕層は日本とどんな世界の地域を比較しているのか？

世界中を旅行している、あるいは世界中を旅行する経済力を持っている富裕層ですから、日本を旅行するかどうかの判断は、当然ほかの国や地域と比較した上で判断することになります。次の旅行はアフリカだけど、その次は先進国にしよう。では、イタリアにしようか、フランスにするか、それとも日本にしようか……こんな感覚です。

別の見方もできます。ヨーロッパやアフリカは行き尽くしたので、次はアジアにしてみよう。それなら、タイにするか、シンガポールにするか、中国にするか、それとも日本か……というパターンです。ブラジルの旅行会社に最近聞いた話では、当地でも最近は韓国のコンテンツの人気が高く、アジア旅行を考えている富裕層が、日本と韓国で迷うことがあったり、またニュースで中国や台湾の緊張が実際よりも大きく伝わっていることで、両地域への需要が以前ほどではなかったりするそうです。

いずれにせよ、日本への旅行は、こうした比較のもとに検討されていることになります。

日本の酒蔵の試飲が、たとえばワイナリーなどと比較して惜しいという話を述べましたが、観光コンテンツ同士では、まさにこうした形で、いつの間にか静かな競争が行われているという意識を持てるといいでしょう。舞妓さんとディナーを楽しむか検討している富裕層は、その一方でケニアでのサファリツアーを天秤にかけているかもしれません。実際、大きなテントで動物たちに囲まれながら夜を明かし、キリンを間近に見ながら食事をしたりするツアーが人気です。

あるいは、ヨーロッパで実際に貴族の所有物だったお城を宿泊施設に改造し、しかも貸し切りで泊まれるような体験と比較しているかもしれません。それと肩を並べられる日本の宿泊体験は、決して多くはありません。城自体が、歴史的な事情や、建築物としての問題から多くは残っていないからです。

しかし、四国には実際に宿泊できる城が存在します。わずか12しかないオリジナルの天守が残っている城の一つ、香川県の丸亀城では、江戸時代の江戸にあった城主京極家の建物を移築した建造物「延寿閣別館」に泊まることができます。

また、愛媛県の大洲城では、天守そのものに宿泊することが可能です。復元天守ですが、精巧に建て直されたことで知られていますし、何より天守に宿泊できるというインパクトは格別です。

香川県丸亀市にある丸亀城では、城主京極家の移築された屋敷「延寿閣別館」に宿泊することができる（写真提供：PIXTA）

愛媛県大洲市にある大洲城では、木造により復元された天守に宿泊することができる（写真提供：PIXTA）

しかし、文化財保護などの見地から、宿泊できる枠は限られています。こうした背景を説明し、しかも5つ星ホテルのような快適な設備は望めないと説明しても、日本の歴史や時代劇を知っていたり、実際にどこかの城を見学した経験があったりする富裕層なら、レア感も相まって、大いに関心を示すでしょう。

こうした観光開発は、実はごく最近になって始まったものです。そしてこれなら、立派に海外の有名観光施設と争い、選んでもらえる日本になり得ると思います。

海外の観光地はマーケティングをしている

このように、日本のインバウンドは、宿命的に富裕層をはじめとする観光客を、海外と奪い合っていることになります。

もう一つ、海外の観光開発がすぐれている点を上げておくと、地域単位での連携、協力がうまくできており、観光客が同じ宿泊施設に留《とど》まりながら、何日間にもわたって飽きずにいろいろな観光や体験ができるようになっている点です。

旅行はそもそも移動を伴いますが、始終移動しているわけではありませんし、人によっては比較的ゆっくりとした行程を好む人もいます。ということは、何か核になるコンテンツを作って誘客に成功したら、できるだけ同じ地域に長く留まってくれるような開発や連携ができていると、旅する側にも受け入れる側にもお互いに大きなメリットとなるわけです。

必ず見たい、あるいはしてみたいコンテンツや体験がある地域にやってきた富裕層を想像してみてください。彼らが滞在できる宿泊施設が整っていれば、当然、メインの観光以外でどんな体験ができるのか、私たちを通じて調べ始めるでしょう。

あるいは、最初から具体的な観光の目的を決めず、大まかな方向性（美術、芸術、自然、スポーツ、歴史、田舎体験、ホテル宿泊そのもの……）だけを決めている人もいます。たとえば、いろいろなスポーツ体験ができるよい地方はないか、というオーダーが私たちに来たとすれば、彼らが満足できる宿泊施設があり、東京からの移動や現地での移動手段が確保できて、ガイドがいて、その上で宿泊施設から1時間程度の範囲にどんな体験ができる施設があるかによって、おすすめを選ぶことになるわけです。

ひと言で表すなら「デスティネーション・マーケティング」となるわけですが、海外の場合、ホテル企業がさまざまな観光施設も一緒に経営していて、戦略とともにホテルの周りの地域で飽きさせないようなブランド作りができています。

日本で同じような形ができるかというと、容易ではないかもしれません。一方で、繰り返し述べているように、地域の中でのネットワークを活用しながら、いくつかのとがったコンセプトで魅力をアピールできる地域にしていくというのは大いに考えられる選択肢だと思います。

観光庁では高付加価値旅行者誘客のため、集中的に支援するモデル観光地を14地域選んでいますが、一定地域の中で協力しながら、地域自体をブランド化していくような取り組みが、現在の日本には非常に求められていると感じます。フランスのプロヴァンス、イタリアのトスカーナのように、日本の飛騨や瀬戸内がブランド化していくような未来が描けるといいでしょうし、そのほかの地域からも、そうした目標を持って取り組んでくださる方が増えれば増えるほど、日本のインバウンドはさらに魅力を増していき、ますます盤石になっていくでしょう。

富裕層はどんな情報を参考にしているか?

私たちが旅行を考える際は、テレビや雑誌、インターネットやSNS上でのプロモーション、知り合いの口コミなどを参考に決めることが多いと思います。その中でも近年は、SNSや動画サイトの影響力が強まっていますが、欧米富裕層に限った話だと、彼らは圧倒的に口コミを参考にしています。

それも、富裕層同士の情報に全幅の信頼を置いています。自分と同じような立場の旅行者がどんな印象を持ったか、おすすめかどうかを参考にしているわけです。

つまり、欧米富裕層に対する一般的なプロモーションは届きにくい、ということでもあります。近年、旅行のキャンペーンではインフルエンサーを活用したマーケティングが盛んですが、欧米富裕層にはあまり大きな効果はないと考えたほうがいいでしょう。

ただし、何百万人もフォロワーがいる映画スターのインスタグラムでおすすめされた観光地であれば、欧米富裕層も恐らく信用するでしょう。しかしそれは、背景にそのスターがお金をもらって宣伝しているわけではなく、自分の本心から投稿しているという確信があるからでもあります。大スターが自分の地域を好きになってくれれば最高ですが、狙ってその状態を作り上げることは、宝くじに当たるようなものでしょう。

なぜ、欧米富裕層が口コミを信じるのかは、彼らの立場になって考えてみれば、多少は背景がわかるかもしれません。

欧米富裕層の旅行は少なからず特殊で、一般の旅行者とは違うニーズを満たす必要があるケースがほとんどです。私たちであれば、テレビや雑誌、OTA（オンライン・トラベル・エージェント＝オンライン旅行会社）のおすすめツアーや、トリップアドバイザーに代表されるサイトのレビュー、グーグルマップなどに書き込まれた情報などが頼りになりますが、欧米富裕層のニーズを満たす対象については、圧倒的に情報量が足りないのが現状です。

また、知りたい情報も異なります。人混みで大変な目に遭わないか、プライバシーが保護されているか、信頼できる業者なのか、といったポイントについては、一般旅行者よりもずっと関心が高くなります。こうした情報をオープンな媒体で知るのは難しいでしょう。まして、マスコミで知る情報は一般の旅行者だけを対象にしているため、ほとんど役に立ちません。

だからこそ、お互いを知っていて普段から付き合いのある同じ富裕層がおすすめしてくれる情報のほうが、絶大な説得力を持っていることになるわけです。現時点で欧米富裕層に最も影響力があるのは、富裕層同士でのＳＮＳのやりとりだと言っていいでしょう。

私たちも間接的に、欧米富裕層に日本の観光をおすすめする立場にいますが、私たちがいくら熱心に調べて発信したところで、その富裕層の友人が「あそこはよかったよ」と、ひと声かけてくれることのほうが、よほど強いというわけです。

地道に、そうした状況を少しずつ、面的に増やしていくことが、結局は富裕層を誘客できる広報の手段になるのかもしれません。

文化の違い、言語の違いは必ずしも問題にはならない

地域の方たちと意見を交換していると、英語をはじめとする外国語対応の面で、どうしても自分の地元では不安材料が大きいと考える人が少なくありません。

すでに述べた通り、優秀でホスピタリティーのある観光ガイドの不足は深刻ですから、どうやって言葉の壁をクリアし、富裕層を誘客し、どう対応していくかは悩ましいところかもしれません。

ただ、翻訳アプリやＡＩがどんどん発達している今、一般的なレベルでの言葉の壁はそれほど問題にはならないと考えていいでしょう。

まず、基本的にどの地域であっても、欧米人観光客に接する以上は、基礎的な英語は使ってほしいところではあります。

ただし、その際に必要な最低限のレベルは、文字通り中学英語のレベルで十分だと断言できます。

日本の都市部であれば、英語で不自由がないと感じる外国人が増えていますが、地方ではまだまだです。しかし、すべてを翻訳アプリで済ませてしまうのは、たとえ用が足せたとしてもとても味気ないものになってしまいます。特に欧米富裕層は、ちょっとした新鮮な経験があれば十分に満足してくれる方が大半ですし、そもそも最初からあまり期待していない分、たとえ片言の中学英語であったとしても、意思疎通ができるだけで安心し、またうれしい気分になると口を揃えます。

私自身の経験も踏まえて付け加えれば、明るく前向きで、歓迎するという雰囲気さえ伝われば、英語は単語の羅列でもかまいませんし、間違えようが、文法的に正しくなかろうが、問題にはなりません。その上でどうしても厳しい場合は、翻訳アプリに頼ればいいわけです。

なかなか話が通じなかったことも、欧米人にとっては楽しい思い出となります。だからこそ、ちょっと無理をしてでも、ごく簡単な英語を話そうという努力はぜひしてほしいところです。地域を挙げて、ぜひ皆さんで取り組んでほしいと思います。

同時に、高い英語力と深い知識、ホスピタリティーを持った通訳ガイドは、また別の意味ですぐれた観光体験のために必須です。今後は、地域を愛する若い世代が地元に残るための有力な仕事になるかもしれません。

新幹線駅から車で1時間以内なら十分にチャンスがある

日本の地域の多くは、アクセスの悪さが誘客の障害になっているのではないかと考えています。基本的にはその通りと言えます。

ただ、さまざまな欧米富裕層のリクエストに応え、また送客したあとの反応を総合すると、新幹線駅から車で片道1時間程度で行ける場所ならば、欧米富裕層を受け入れるチャンスは十分にあると考えています。

言い方を変えるならば、ある条件を出してきた富裕層や彼らの代理人である旅行会社に何らかの観光コンテンツをおすすめする際、東京から新幹線駅まで列車で向かい、車を手配してプラス1時間なのであれば、それだけで難色を示されるケースはまれです。

思ったよりも広い地域にチャンスがあるというわけです。

一方、問題は、おすすめできるコンテンツが一つしかない場合、地域としてはアレンジしにくいという点です。

一例として考えたいのは、長野県の地獄谷野猿公苑で露天風呂に浸かるニホンザルの場合です。インスタグラムなどでその様子を知った欧米人観光客の中には、長野駅から電車やバスで、山奥までやってくることをいとわない人がいます。そのくらい力のあるコンテンツです。

長野県下高井郡山ノ内町にある、露天風呂に浸かる猿で有名な地獄谷野猿公苑
（写真提供：PIXTA）

しかし、実際には多くの観光客が、写真を撮ったら満足してそのまま長野駅にUターンし、金沢や高山方面へ、あるいは東京へと流れていってしまいます。周辺に魅力のある観光地がないわけではないと思うのですが、欧米人に届いていないため、せっかく来てくれたのにそのまま帰してしまっているわけです。

とはいえ長野県は、国内旅行の目的地としても人気で、そこまで努力をしなくても十分に観光収入はあるのかもしれません。ただ今後、欧米富裕層を誘客するのであれば、地域を「面」として観光開発する視点を持っていただくことが非常に大切だと思います。

あるいは、1カ所ずつ存在しているよりも、2カ所、3カ所……と魅力ある観光地が発掘されればされるほど、お互いを行き来するようになるため、加速度的に実績ができていくことになります。やがてその地域がブランド化していけば、いっそう好循環が高まるでしょう。

こうした面的な広がりや回遊性を作り、観光客に「横移動」してもらうためには、地域のつながり、あるいはしかるべきポジションの方による旗振りが大切になると痛感しています。

ホテル、観光施設、移動手段など、観光ビジネスを提供する民間企業はさまざまありますが、欧米人や富裕層の誘客を目指すのであれば、地域住民の合意も得た上で、各所からの協力を受けつつ、面的に努力していくことが必須です。

その単位は市町村や都道府県であることが一般的ですが、地域でブランド化を目指すための広域的な取り組みも出始めています。

企業も行政もDMCも、すべてが協力してマネタイズを目指す

こうした取り組みは、富裕層の観光がマネタイズにまで行き着くためには、ぜひと

も必要だと考えています。

私たちのように、欧米富裕層のニーズを受けて観光コンテンツを探している立場からすれば、ある地域に魅力的な場所があったとしても、そこ1カ所だけなのであればおすすめしにくいですし、どうしても行きたいのであれば、早々に引き返してもらうしかありません。

一方、それぞれの観光ビジネスに関わる企業も必死で努力をされています。ただ、その企業の立場では自社の商品や企画を売ることしかできないため、自社だけでは面的な広がりを演出することが難しいのは当然のことです。

旅行代理店も、この問題を解決するキーパーソンには不向きと言えるでしょう。特に近年は、一定のアドバイスはするものの、あとは送客するだけで、ともに戦略を考えたり、フィードバックを受けて改善を試みたりするような流れにはどうしてもなりにくいのが現状です。

日本のインバウンドをさらに伸ばし、地域の観光資源をマネタイズしていくには、どうしても公的セクターを中心とした面的な努力、そして緻密で丁寧な努力が必須となります。

同時に、せっかく開発した観光資源を、欧米人や富裕層に見てもらい、検討してもらう流れを作らなければなりません。この点において、私たちのようなランドオペレーターと上手にリンクできていると、自然に分業ができ、盛り上がりが作れるようになっていくと思います。

努力して開発したのに、日の目を見ないのはとてもつらいことです。また、欧米人や富裕層はもっと多様な日本を求めているのに、誘導する流れがうまく作れないせいで、せっかくの努力が水の泡になるのはもったいないと感じます。

地域の産業を活性化し、経済を刺激しながら、人と雇用、そして伝統と文化を残して継承していくという大きな目標とともに、富裕層の誘客を位置づけていくことがポイントです。

戦略作り、アドバイスの段階から、ぜひ欧米富裕層の視点を入れ、インバウンドに関わるすべての人にプラスとなり、地域が活性化していくための方法を、私たちも一緒に考えていきたいと常に願っています。

第4章

欧米富裕層を引きつける
マーケティング戦略入門

マーケティング的視点で考えてみよう

地域の観光振興を考える際、何から始めればいいのか……。

私は、具体的な動きを始める前に、まずマーケティング的視線で地域が採るべき戦略を考えてみることを強くおすすめします。

今後、富裕層を誘客するに当たって、富裕層を引きつけるその地域の魅力は何なのか――、解決しなければならない課題とは何か――。

この点を整理して共通認識を得ないまま始めても、ロスが多く、リターンはあまり期待できません。

そして、最悪なのは何を目指して努力しているのかさえ見失ってしまい、コストばかりかかって、「努力はしたのに何も報われなかった」という徒労感や、残念な気持ちだけが残ってしまうことです。

私はすでに述べたように、観光ビジネスに飛び込む前からマーケティングが専門分野であり、大学でも企業でも実践経験があります。そのため、今でもあらゆる観光ビジネスや、日本の地域の強みや弱みをクセのようにマーケティング的視点で分析し、考えてしまいます。

マーケティング的な視点などと言われると、門外漢だからと少し構えてしまう方もいるかもしれません。ただ私が見る限りでは、多少ともマーケティングの手法や考え方を取り入れれば、問題の発見や共有、成果の検証など、さまざまな流れが分析され、より実効性を伴うことが多いのではないかと思います。

反対に、何ら分析をせず、いわば「何となく」スタートしたプロジェクトは、明確な根拠もなく、検証されることもなく、ニーズのないところにリソースを入れる結果になりかねません。観光コンテンツの高付加価値化が目標なら、とにかく原価をかけて価格をどんどん上げ、レストランに個室を増やし、レッドカーペットを敷いて、日本人観光客にとって人気の高いコンテンツをそのまま欧米人や富裕層にも当てはめる……こうしたことを繰り返しているうちに、予算は底をつき、目立った成果も得られないようなことになりかねません。

自分たちの頭で考えることの大切さ

では、戦略を考えるプロに頼ってみるケースはどうでしょうか。

世の中には、数多くの優秀なマーケティングの専門家やコンサルタントがいることは確かで、しかるべき料金を払えば戦略を代わりに考えてくれます。とはいえ、彼らは観光のプロでもなければ、欧米富裕層に詳しいわけでもありません。

そして、決定的に危険なのは、その地域に住んでいる人より、地域の観光リソース、さらには人間関係や、官民の協力体制などに詳しくないあまり、まさに机上の空論になってしまうパターンです。

うがった見方をすれば、外注された側にとってのビジネスは、コンサルタントをした時点で終了していて、その後、実績が出ようが出まいがあまり関係はありません。もっとも、彼らの言い分は、責任は発注者である地域が負うべきことであって、自分たちは関知しようがないというのが本音でしょう。

この章では、もともとマーケティングの専門家で、欧米富裕層を間近で見てきた私が、マーケティング戦略策定のごく基本的な手法を、できるだけ簡単にアレンジした上でご紹介します。

なぜなら、まずは当事者である地域の皆さん自身が、途中で頓挫してもかまいませんので、初歩的なことだけでも、「自ら」考えてみることが非常に重要だからです。

欧米富裕層がどんなものを日本の地域に求めているのか、ここまでの説明である程度はイメージができたのではないかと思います。

では、自分たちの地域のリソースを掘り起こし、自分たちの地域の文化や歴史、気候などの特性を振り返ってみて、自分たちの地域にしかないものとは何なのか、そしてそこから作り出せる体験や観光コンテンツはどんなものなのか――、どのように訴えれば欧米富裕層に届くのか――。

まずは、当事者であり最も地域を知っていて、ふるさとを愛し、今後を心配している皆さんが、自ら掘り下げてみること自体に大きな意味があるわけです。

この過程なしに、どこかの地域の成功例に寄せた対策を打ってみたとしても、なかなか成功には結びつきにくいでしょう。すでに人気のある地域の魅力を超えるか、まったく異なる価値を提供できなければ、富裕層も、私たちのように富裕層におすすめする立場の人間も、高く評価はできないからです。

自分たちの地域を「商品化」するという考え方を持つ

私の元にも、さまざまな地域からご相談が寄せられます。また、セミナーや講演、商談などで地域を回る際、お話や事情を伺うことも多々あります。

その中で実感するのは、日本の地域は似ているようでかなり個性的であり、課題や悩みもまたそれぞれ違うということです。

いくつか、地域の観光を考える際の課題や、悩みの典型的なパターンを紹介しましょう。

まずは、「人流はあるのに通過されてしまう」という悩みです。

たとえば、外国人が東京や関西空港から入国するとして、そこからあるメジャーな目的地を結ぶ動線の上に存在しているにもかかわらず、せいぜい1泊程度、最悪は立ち寄ることもなく「スルー」されてしまうのです。

もっとも、ゴールデンルートのような人流の多いエリアから外れていて、「そもそも観光客自体が来ない」という悩みも存在します。

次に、「人はまずまず来ているが、お金を落としてくれない」というパターン。オーバーツーリズムも、その形態の一つと言えるでしょう。

そしてとても現実的なのが、「観光客を引き寄せるコンテンツが一つだけあるが、そこから横に展開できておらず、そのコンテンツを体験し終えると早々に帰られてしまう」という悩みです。

インバウンドに悩む日本の地域であれば、ひとまずこの4つのうちどのパターンに近いかを自ら考えるだけでも、対策の打率は上がっていくでしょう。

そして、どの地域にも「弱み」があれば「強み」もあります。人がほとんど来てくれない地域なら、分析によってはそれがむしろコンテンツの核になれる可能性が出てくるかもしれません。

ポイントは、マーケティング的な視点、思考フレームを地域の観光戦略に取り入れることで、地域を「商品化」する意識や、ほかの地域とは違った価値を生み出す「差別化」の意識が生まれることです。

インバウンド需要が増えている今、日本の都市部は何もしなくても人流が生まれているために、ある意味では失敗がしにくく、このポイントで悩む必要がありません。

雑な言い方をすれば、あまりマーケティング戦略を考えなくとも、ある程度は成功できてしまう状況です。

しかし地方は違います。先ほど見たどの悩みのパターンでも、戦略なくしてその先はありません。「自分たちが考える地域の魅力」をそのまま適用したり、「自分たちの売りたいもの」をそのまま販売したりしても、それはプロダクトアウトの典型で、戦略の伴った商品化とは言えません。地方にこそ戦略的思考が大切で、やみくもに始めてもリソースの無駄遣いになるリスクは高いということです。

観光客が来ないという悩みを抱えているなら、そんな地域にわざわざ観光に来てくれた人の動向を分析しない手はありません。何を目当てに、どのくらいの期間で、どういう交通手段でやってきてどこに泊まったのか――、地域内でどんな経路をたどり、何にいくら消費したのか――、満足度はどうか――、問題はなかったか――、また来たいと思うか――こうした検証を経ずにいくら対策を考えても、それは自己満足の域を出ないでしょう。

現に日本の地域には、すでに欧米人や富裕層の誘客に成功しているところも多数出てきています。皆さんの地域を自ら分析しつつ、ほかの地域の成功事例、あるいは失敗の事例も含めて検証を重ね、その先に富裕層を取り込んでいく戦略を立てていきましょう。

5つの分析手法を学ぼう

そこでこの本では、誘客に悩む日本の地域、そしてさまざまな立場の方々が、自らの手で戦略を立てていくための第一歩として、よく知られているマーケティング分析の手法から5つを選び、順を追って解説していきたいと思います。

ただ手法を知るだけでは何にもなりません。ぜひ皆さんの地域の事情や問題、現時点でのリソースや今後の可能性を考えながら、実際に頭と手を動かし、すぐに使い始めてみることを強くおすすめします。今後専門家と相談する際の論点も格段に整理され、より深く実効性のある議論ができるようになるでしょう。

5つの分析手法とは、次の通りです。

①　3C分析
②　STP分析
③　4P（7P）分析
④　4C分析
⑤　SWOT分析

聞き慣れない方には、何やら大変そうとか、難しそうに感じられるかもしれませんが、そんなことはまったくありません。

もちろん、マーケティングの専門書を探せば、本書より深く細かい解説を学べますが、それはまたあとの話です。

ここでは、考え方の立て付け、方向性を知るだけで十分です。この5つを一つひとつ追い、自分たちの地域に当てはめて流れをたどることから、まずは始めてみましょう。

その結果、自らの先入観、地域の中の常識、そして言い訳や建前の類いからも自由になれるはずです。そして、客観的に地域の長所と短所、問題点と解決方法を探りながら、打っていくべき対策や、掲げるべき目標を見つけることを、この本のひとまずのゴールにしたいと思います。その先には、具体的に地域が目指していく道筋のヒントが見えるはずです。

特に、地域の観光戦略を考える現場で奮闘されている方々のアクションを後押しできれば幸いです。

① 3C分析

【3C分析とは?】

マーケティング分析における3C、つまり3つの「C」とは、

・Customer(カスタマー=顧客)
・Competitor(コンペティター=競合)
・Company(カンパニー=自社)

を指しています。

つまり、ここでの「カスタマー」は、インバウンド観光客（より絞り込むなら欧米人観光客、富裕層観光客など）、「競合」は主に近隣のライバルとなる地域、そして「自社」は自分たちの地域を指していることになります。

まずは、それぞれのCに存在するものをピックアップすることから始めます。

【3C分析を使ってみよう】

では、3つの領域を図に起こして考えてみましょう。

自分たちの地域にある魅力や供給されているコンテンツ、競合地域の魅力や供給されているコンテンツ、観光客が求めているニーズのうち、それぞれが重なっている部分に注目してみてください。

すると、よく耳にする言葉ですが、地域の「バリュー」、あるいは「コアバリュー」が発見しやすくなります。

3C分析で目指すべきところは明快です。自分の地域が提供でき、インバウンド観

図表11　3C分析

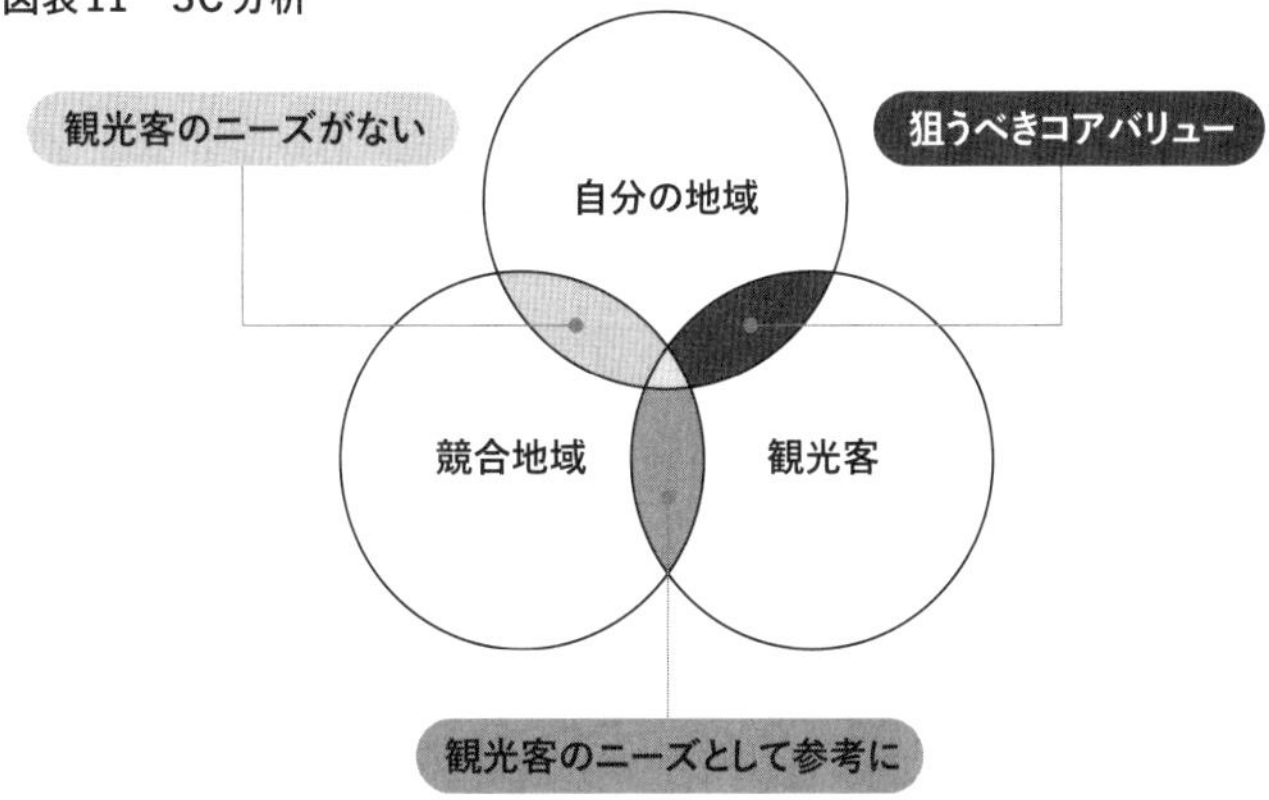

光客、欧米富裕層のニーズがあって、なおかつ競合地域が提供できていないところです。ここがまさに、狙うべきコアバリューとなります。

例で考えてみましょう。欧米富裕層が日本らしい体験を求めているのであれば、まず自分たちの地域でコアバリューになり得るのは、その中で近隣地域が提供していない、提供できない部分となります。

着物の着付けや茶道体験は、全国どこでもできるでしょう。城跡は近隣の地域にしかありません。しかし、陶芸の窯元は自分の地域にしかないのであれば、まずコアバリューとして考えるべきは、陶芸にまつわるコンテンツの開発になる、ということです。また、近隣が提供できていない価値をアピールしたほうが、観光客のニーズを獲得しやすく、気づいてもらいやすくなります。

図表12 「3C分析」書き込みシート

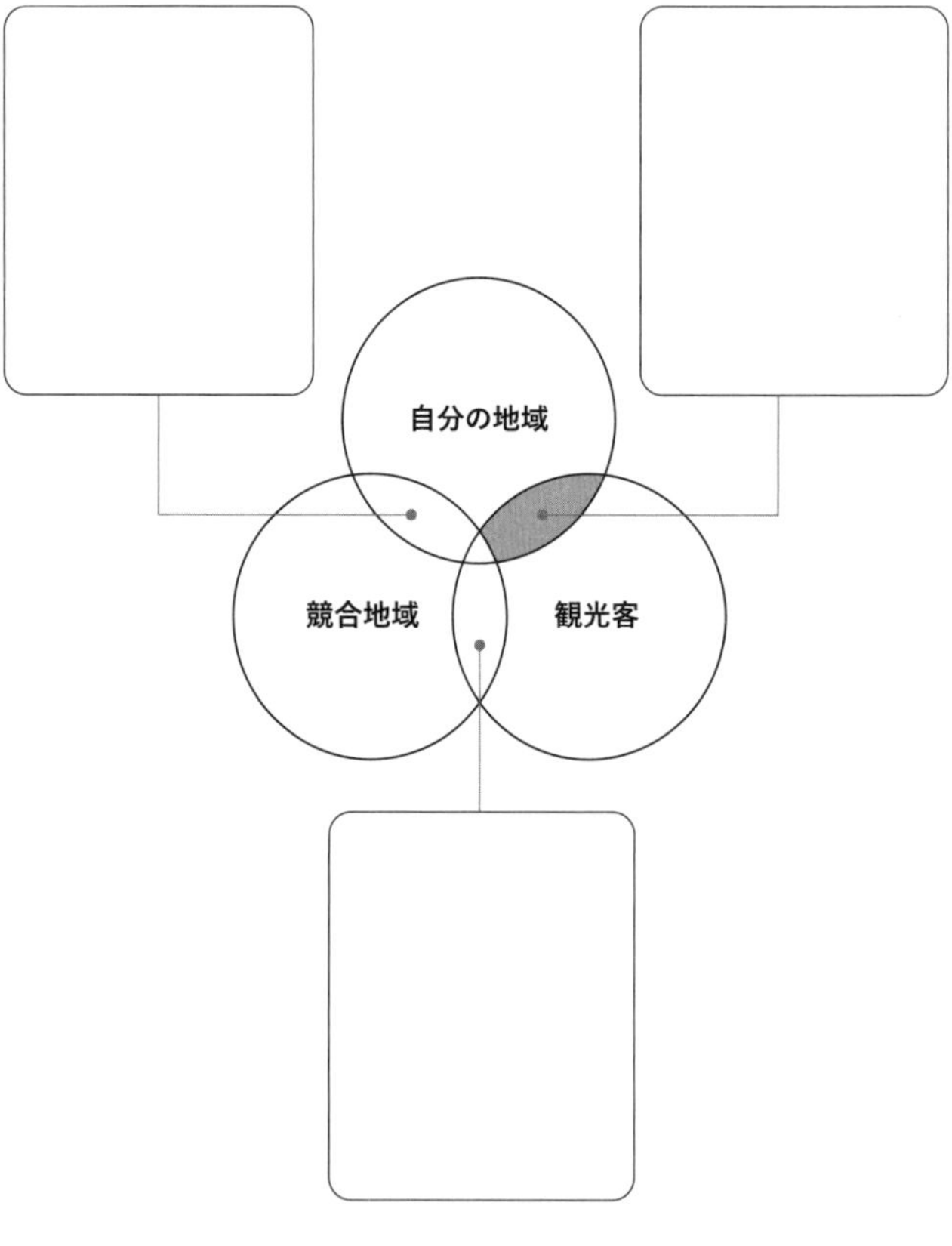

では、早速皆さんの地域を3C分析するとどうなるか、実際に書き込みながら探ってみましょう。

【3C分析活用のポイント】

得てして私たちは、「カンパニー＝自分たち」のことばかり考える傾向にあります。すると、その中で自分にとって都合のいい商品だけを作り、きっと顧客も気に入るだろうと勝手に解釈して押し付ける、「プロダクトアウト」型になってしまいがちです。また、すでにライバルが多いところでわざわざ戦おうとして、疲弊してしまうこともあります。

3C分析を活用することで、今までなかなか目が向かなかったライバル地域の現状を情報収集、分析してみてください。同時に、観光客や欧米富裕層が何を求めているのか、この本で述べてきた情報も参考に、どこがコアバリューになり得るのかを考えてみましょう。意外に見過ごされてきたコンテンツの可能性が見えてくるかもしれません。

また、自分たちの地域にはないものの、ほかの地域にはあって、観光客のニーズに合致している部分は、研究の対象になります。今後の参考や学びのため、ぜひ継続的に情報を収集することをおすすめします。

② STP分析

【STP分析とは？】

3C分析で自分の地域の強みやコアとなるバリューが見出せたら、次にSTP分析に移ります。STPとはそれぞれ、

・Segmentation（セグメンテーション＝市場をセグメント化、細分化する）
・Targeting（ターゲティング＝どの市場を狙うか決める）
・Positioning（ポジショニング＝自分たちのポジションを決める）

を指しています。これにより、自分たちの地域がどのような市場に存在していて、持っている魅力や観光商品を、どのターゲットに向けて供給すればいいかを把握します。

【STP分析を使ってみよう】

まず、セグメンテーションでは、市場における顧客、つまりここでは観光客を属性などでグループに分けた場合、いったいどの層に対して自分たちの地域が強みを発揮するのかがわかります。

属性とは、観光客を例として考える場合、

・人口動態変数（年齢、男女別、収入や職業、家族構成など）
・地理的な変数（国や地域、人種、言語、宗教、生活習慣など）
・心理的な変数（趣味嗜好、ライフスタイル、価値観など）
・行動変数（顧客の行動パターン、リピート回数や反応など）

となりますが、ここではまだ、あまり細かく考えなくてもいいでしょう。

その代わり、まずは現時点で皆さんの地域を訪れてくれている観光客の属性を、可能な限りデータに基づいて把握してみてください。県単位や市単位の細かいデータはなかなか統計では把握しにくい面もあるため、民間企業や旅行会社などの実感を含めた現場での推移やトレンドなどを収集し、どんな属性の人が実際に訪れているのかを分析し、さらに日本全体のデータとも比較して特徴を洗い出します。

続いてターゲティングですが、たとえば、自分たちの地域には意外にも欧米人の訪問が平均よりも多いというパターンもあれば、ほとんどがアジアの若い層だった、ということも考えられます。また、季節性や時期などの影響、あるいは最近の急な増減などもチェックポイントです。

この本では欧米富裕層の分析をしていますが、ある地域によっては、それよりもアジア人を、あるいは欧米人でも一般層を、オーストラリア人をターゲットにするという判断があってもいいことになります。また、ほかの地域での成功事例があるからといって、そこに追従する必要はありません。自分の地域が同じ条件とは限らないからです。

たとえば、急に富裕層の好む大きな外資系ホテルが地域に開業すれば、今までのデータとは違った展開になり、ターゲットが変わることも考えられます。ただ同時に、現在の日本はほぼすべてのセグメントでインバウンド需要が伸びているため、ターゲッ

図表13　「STP分析」書き込みシート

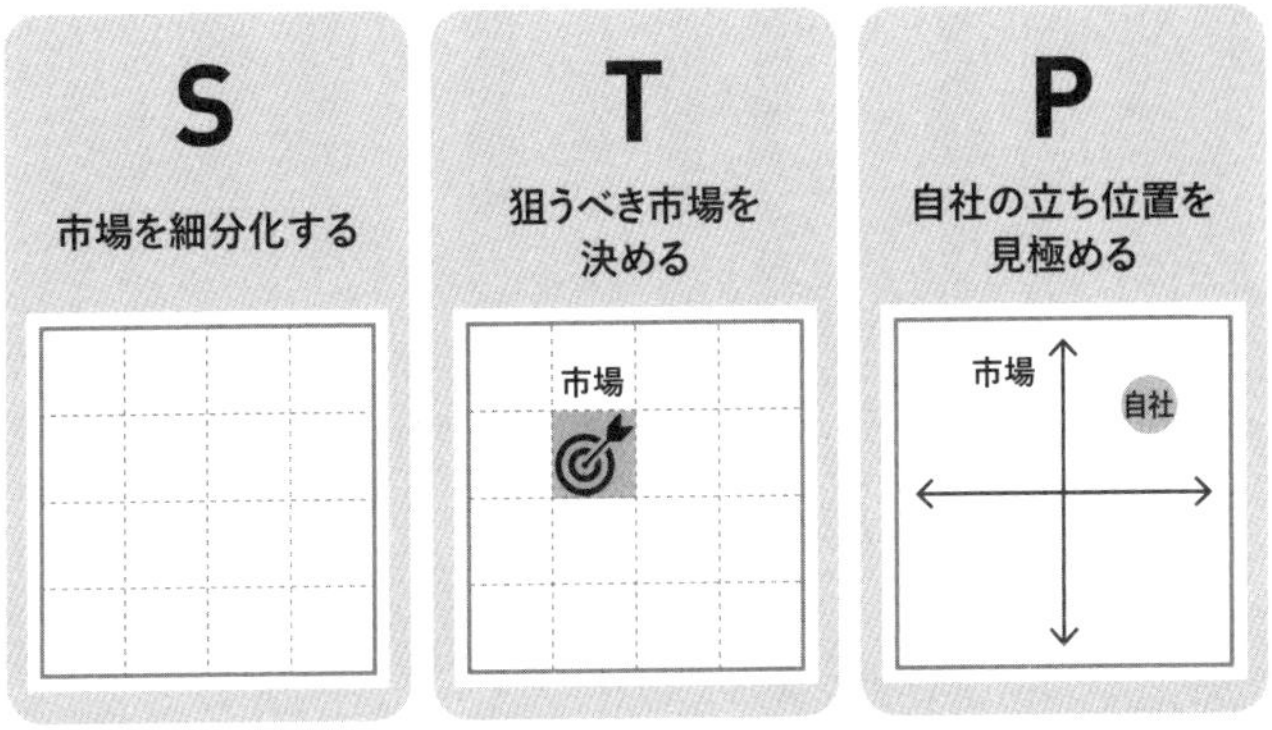

トを決めるという面で比較的自由度が高くなっているのは好材料です。

最後はポジショニングです。ターゲットを絞ったら、そのターゲットに向かって、自分たちの地域がどんな立ち位置を取るのかを明確にします。

わかりやすい比較例を出すと、たとえば同じ長野県にあり、どちらも欧米富裕層に人気の白馬と上高地では、明確なポジショニングの差が生まれています。

白馬なら冬のスキーやスノーボードが取るべき不動のポジションで、温泉がその次になるでしょう。一方、上高地は、そもそも冬には休業していて、春から秋にかけてのトレッキングが不動のポジションです。そこから、登山やスポーツ、自然保護のトレンドへの学びなどへと展開できそうです。

つまり、SとTがほとんど同じで、かつ近い地域にあったとしても、なぜターゲットがその地域を訪れるかには大きな違いが生まれることもあり、Pがまったく変わってくることもあり得ることを知っておいてください。

皆さんの地域のSTPは、それぞれどうなりそうでしょうか。まずは思いつくところからでいいので、書き込んでみましょう。

【STP分析活用のポイント】

自然が豊かだ、温泉がある……など、一見有利に見えるポイントがあったとしても、それをもとにどのようにマネタイズにまで持ち込むかは曖昧になりがちです。豊かな自然も温泉も、多くの地域に存在するからです。

そこでターゲットを絞れば、その中から何を深掘りし、何を強調して売りにするのかが明確になります。この、「吟味する」ような過程が大切です。そして、軸が決まり、ターゲットが自分たちの地域の何を求めているのかがわかれば、そこからの深掘りの方法や、横方向への展開のヒントも得やすくなります。

③ 4P（7P）分析

【4P（7P）分析とは?】

3C分析、STP分析を経ると、皆さんの地域では、ひとまず誰に対して何のコンテンツを「売り」にしていくのかが定まってきます。

では、そのコンテンツを実際に売っていくための戦術をどうやって考えるか——。最初に考える基本となるのが、4P分析です。

ただし近年は、特に形のないサービスを売るマーケティング戦術を考える際には、7Pで考えることが主流になってきています。順を追って説明しましょう。

まず基本の4Pは、

・Product（プロダクト＝製品）
・Price（プライス＝価格）
・Place（プレイス＝流通）
・Promotion（プロモーション＝販売促進）

です。観光コンテンツは基本的に無形のサービスですから、さらに、

・People（ピープル＝人）
・Process（プロセス＝過程）
・Physical Evidence（フィジカル・エビデンス＝納得してもらうための物的証拠）

の3要素を加え、7Pで考えることにします。

4P・7P分析には、抜けや漏れなく、全体として目指す戦略（たとえば、欧米富裕層に地域の自然体験をプロモートして消費額を増やすこと）実現のために考えたいことが揃っています。

【4P（7P）分析を使ってみよう】

「製品」は、ニーズに応じてどんな観光コンテンツを提供するか、その差別化要因、つまり「売り」は何かを考えます。

「価格」は、文字通りプライシングです。ターゲットに対していくらで販売するのか、

競合しているコンテンツとも比較しながら考えます。オーバープライスになっていないかも重要なポイントです。いくら富裕層でも、その価格を払える余裕があったとしても、欧米人は払う価値を見出せないものには厳しく対応します。

「流通」は、ものの場合は文字通りのロジスティクスになりますが、ここではむしろ、作った観光コンテンツをどうやって売っていくかを想定してみましょう。つまり、販売・マネタイズのためのチャンネル作りです。

「プロモーション」は、販売のためにターゲットに訴える方法、広告やプロモーション対策を指しています。

より重要になってくるのは、あとから追加された3つです。

「人」とは、ここではその観光コンテンツを成立させるための専門的な人材のイメージです。本書でも繰り返し指摘している観光ガイドをはじめ、自然体験が対象なら、外国語ができるスタッフやドライバー、環境に対する専門知識を持ったガイドやレンジャー（自然保護官）などが該当します。特徴のあるコンテンツでは、携わる人が体験価値を大きく左右することもあります。もしも欧米ではなく、別の国の顧客に特化して集中的に誘客するのであれば、その国の言語や風習を知っている人材を集めておくといいわけです。

「プロセス」とは、全体としてのオペレーションをどのように回していくか、といった概念です。もしも実際に欧米富裕層を迎える場合、どういった流れで顧客の情報を管理し、予約や手配、不測の事態への対応を行い、現地で実際に誘導するか、などの段取りをつけておくことです。また、地域によっては豪雪や猛暑など、季節に応じて異なったオペレーションが求められることもあるでしょうし、特有の事情や、もしもの災害への対応について手を打っておく必要があるかもしれません。こうしたオペレーションのネットワークには、地域に根付いている昔からの人間関係が役に立つこともあるかもしれません。

最後の「フィジカル・エビデンス」は少し聞き慣れない言葉かもしれません。顧客が五感で実際に体験しながら、その体験の価値を上げてもらうための物理的な対策、と考えてください。たとえば、宿泊施設やレストランなどの外装や内装が全体的な雰囲気に与える影響を想像してみてください。清潔で、美しく整っていて、温かい雰囲気で、その上日本らしさまで感じられれば、何らかのサービスを実際に体験する前からよい雰囲気を味わってもらえるに違いありません。一瞬でポジティブなイメージを

図表14 「7P分析」書き込みシート

Product	製品
Price	価格
Place	流通
Promotion	プロモーション
People	人
Process	プロセス
Physical Evidence	フィジカル・エビデンス

持ってもらえますし、そのほかの要素の評価も上げることになります。

では、実際に皆さんの地域で売り出したい観光コンテンツを想定しながら、4P（7P）を整理してみましょう。

【4P（7P）分析活用のポイント】

いくつか別々の商品やサービスで4P（7P）分析をやってみるとわかりますが、何を売り出すかによって、出てくる要素は大きく異なります。できるだけ詳細に、実際の状況を想像しながら分析すればするほど、問題点や課題も見つかりやすく、また実際の戦術に移す際の抜かりや漏れも防止できます。

また、どうしても「売らなければいけない」という意識ばかりが先行しがちなことが多い中で、観光コンテンツとしての全体像を俯瞰し、価値あるものとして成立させるには、こうした多方面からの検証が欠かせません。

④　4C分析

【4C分析とは？】

まず、ここでの4つの「C」を整理しておきましょう。

・Customer Value（カスタマーバリュー＝顧客にとっての価値）
・Cost（コスト＝顧客の負担するコスト）
・Convenience（コンビニエンス＝顧客の利便性）
・Communication（コミュニケーション＝顧客とのコミュニケーション）

「顧客の」「顧客にとっての」という言葉が入っていることでわかる通り、4C分析は、顧客の目線で考えるために存在します。つまり、この本で再三繰り返している「プロダクトアウト」型、売る側がいいものだと考えているコンテンツを押し付けてしまう発想を防ぐための方策です。

【4C分析を使ってみよう】

まず、「カスタマーバリュー」、つまりここでは観光客にとっての価値です。

提供しようとする観光コンテンツは、お客さまの目線ではどのような価値があるのかを分析します。欧米富裕層に自然体験を提供するのであれば、リラックス感、とれたての食材、ほかでは見られない景色、清潔な空気やきれいな水、世界的な自然保護のトレンドへの学び……などが考えられます。これは、顧客全体を考えるのではなく、これまでの分析の結果をもとに絞り込んだターゲットで考え、より具体的にします。

次に「コスト」、つまり顧客が支払うお金、販売価格です。

観光コンテンツもビジネスである以上、ほかに何か収益を得るための戦略があるなら別ですが、基本的には観光コンテンツ単体で利益を上げなければなりません。かといって、ただ高くすればいいというわけでもありません。観光客が妥当と感じない価格がついていれば、売れないからです。とはいえ、ただ下げればいいというわけでもないのが、富裕層ビジネスの場合の難しいところです。安い＝質が悪いと思われてしまっては、安くても売れなくなってしまいます。

ちょうどいい価格設定はどのあたりなのか、コンテンツにもよるので一概には言えませんが、現在欧米富裕層向けに人気がある体験型コンテンツを俯瞰的に考えると、おおむね半日くらいの長さ（2〜3時間ほどのイメージ）で10万円前後の単価の商品であれば、内容によって「普通に売れる」と言っても差し支えなさそうです。

たとえば茶道なら、一般非公開の寺院にある茶室で、許状・資格を持つ茶道の先生に教えてもらい、茶道にも通じている通訳がついてくれる2〜3時間のコースであれば、10万円をオーバーしても価値を感じてくれるでしょう。

一方、ただの和室で、英語がわかる少し茶道に詳しい人に教わる程度であれば、2万円でも高いと感じるかもしれません。

わかりやすくたとえるなら、普通の寿司店で大将に握ってもらって1万円なら普通ですが、ミシュランで星を獲得していて何カ月も前から予約で満席のお店で食べられるのであれば10万円でもバリューを感じられるでしょう。このあたりの説明で顧客を納得させられるかどうかが、適正なコストかどうかを判断できる目安になります。

価格設定は、場合によっては普段、商品の値付けなどをしない方々が担うこともあり、どういう考えで値付けをすべきかわからないことも少なくないと思います。ここは私たちも悩む点です。コンテンツの魅力のみならず、付加価値の度合い、アクセス、入込客数、言語対応など、さまざまな要素を考慮する必要があります。まずはベンチマークとなるような商品を、ほかの地域で探して参考にしたり、知り合いの旅行会社に聞いてみたりするなど、複数のソースから検討するとよいでしょう。

一つだけアドバイスをするなら、一度販売してしまうと価格を上げていくのは容易ではないので、まずは少し高めの価格から始めてもいいかもしれない、ということです。むしろ重要なのは、その後どのようにブラッシュアップしていくかです。価格を変える前に、見せ方、進め方、話し方など、ゲストの満足度向上のために実際に努力された方々のフィードバックを参考にして、コンテンツの見直しを検討してみてください。

3つ目は「コンビニエンス」、観光客にとっての利便性です。ここで考えたいのは、旅行を始めたあとの利便性よりも、手配や予約を行う段階での販売チャンネルです。

外国人観光客を誘客する場合の手段は、オンラインによる直接販売、国内旅行会社経由、そして海外旅行会社経由の3つです。ひと口にインバウンドと言っても、ター

**図表15　「4C分析」事例
～欧米富裕層に自然体験コンテンツを提供する場合～**

4C

**Customer Value：
顧客にとっての価値**

・リラックス感
・とれたての食材
・ほかでは見られない景色
・清潔な空気やきれいな水
・世界的な自然保護のトレンドへの学び

**Cost：
顧客の負担するコスト**

・2～3時間の体験コースで10万円

**Convenience：
顧客にとっての利便性**

・海外旅行会社経由による販売

**Communication：
コミュニケーション**

・専門知識を備えた通訳案内士の確保
・スタッフ以外の日本人と交流できるようなサービスの提供

ゲットによって好む販売チャンネルは異なり、欧米富裕層への販売は、海外旅行会社のチャンネルに乗らない限り相当難しくなります。

　オンライン直販でも可能ではないかと考える方がいるかもしれませんが、実際はあまり相性がよくありません。万人に公開されている観光コンテンツは、希少性や特別感が低い、カスタマイズができないというだけでなく、プライバシーが保ちにくいなど富裕層独特の事情からあまり使われません。したがって、富裕層を対象にする場合は、彼らが信頼している海外旅行会社につながるチャンネル作りが必須となるのです。同時に、コンシェルジュが富裕層におすすめコンテンツとして説明しやすくなるための「利便性」も考えたほ

図表16 「4C分析」書き込みシート

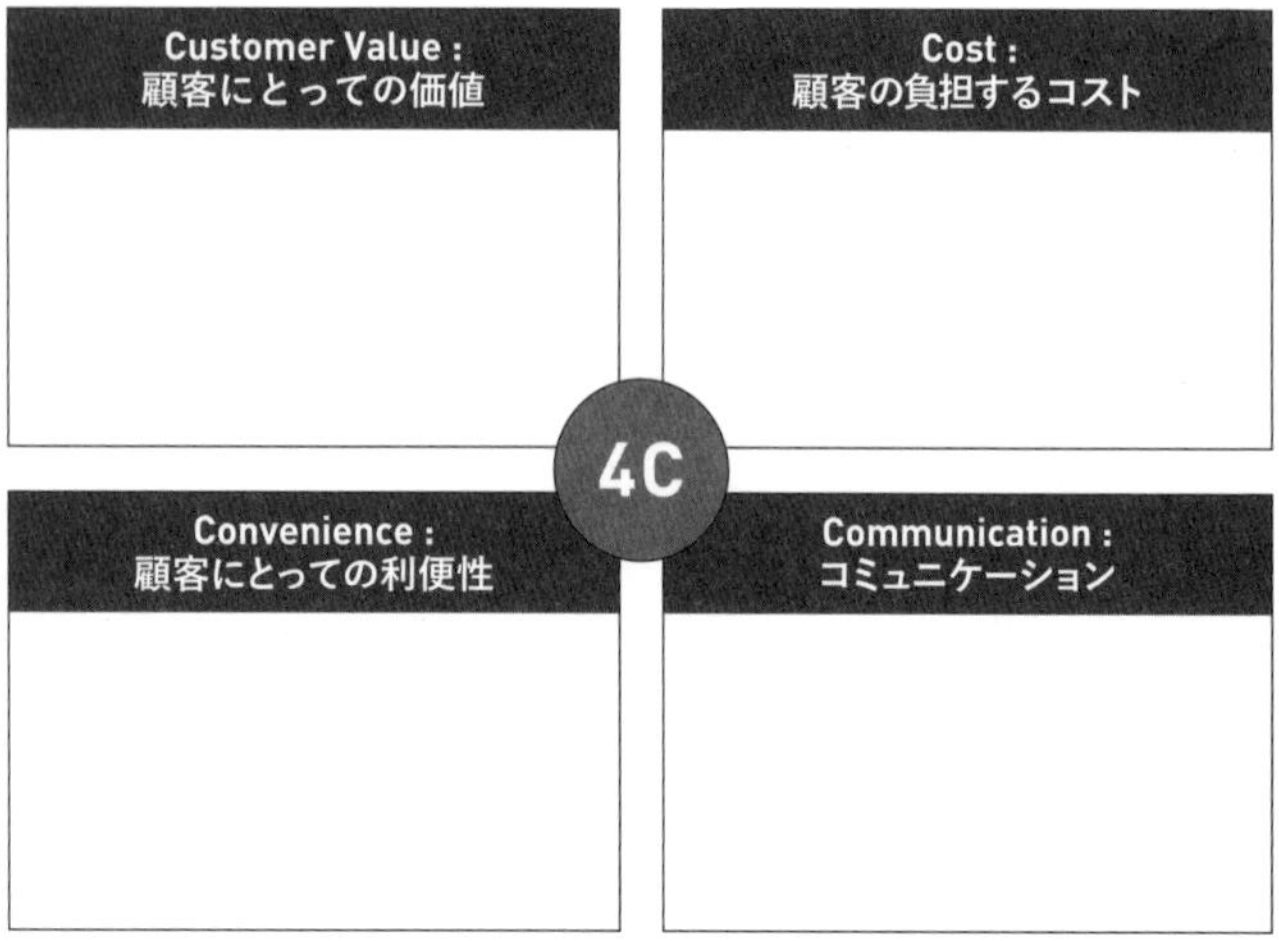

うがいいでしょう。

最後は「コミュニケーション」です。これは字義通り地域にやってきた観光客とのコミュニケーションも含み、気持ちのよい会話や外国語の能力が該当します。同時に、欧米富裕層ならそもそもコミュニケーションが難しくなることを前提として、彼らが求めている情報、そして接し方の経験値を上げるために、既存の顧客の反応や、富裕層を扱っている旅行ビジネス関係者の意見を常に取り入れながら、どうすれば富裕層の目線に近づけるか常にブラッシュアップを重ねてほしいところです。

それでは、皆さんの地域における観光コンテンツを、顧客の目線で4つのC別に整理し、分析してみましょう。

【4C分析活用のポイント】

「4つのC」は、「こうすれば顧客が価値を感じるに違いない」「いいものを提供すれば必ず喜んでくれる」という作り手側の先入観を極力排除し、ニーズにあった観光コンテンツ作りをするためにあります。

作成や分析に当たっては、できるだけ自分たちの考えだけで進めず、必ずエビデンスやデータをベースに考えることが大切です。

いくら想像に想像を重ねても、やればやるほど顧客のニーズからずれてしまっては本末転倒です。しかし、それが観光コンテンツ開発の努力や発掘だと考えてしまっている関係者は、案外少なくないのが現状です。

顧客の目線から離れれば離れるほどリスクは増します。4C分析はそれを防ぐためにあります。

図表17　SWOT分析

⑤　SWOT分析

【SWOT分析とは？】

最後に、意思決定へと落とし込み、戦略を立てるため、SWOT分析を活用してみましょう。

SWOT分析は、マーケティング分析の中でも最も有名なフレームワークの一つです。

4つの要素は、内部環境／外部環境、そしてプラス要因／マイナス要因で分類されたものです。それぞれを確認すると、

・Strength（内部環境・プラス要因）＝自分たちの強み

・Weakness（内部環境・マイナス要因）＝自分た

図表18 「SWOT分析」事例〜北陸地方のある都市〜

強み Strength	弱み Weakness
・ロケの誘致活動による露出機会の増加 ・地域に根差した人々の暮らしが息づく観光地化されていない本物の町並み ・スキー場などの充実したスポーツフィールド ・中世武家館跡や山城群など、豊富な歴史文化資源	・宿泊施設や飲食店におけるキャッシュレス決済環境や多言語対応など、顧客ニーズへの対応の遅れ ・首都圏、関西圏からの距離が遠く、市内に高速道路のICがない ・大人数を収容できる大規模な宿泊施設がない

機会 Opportunity	脅威 Threat
・観光関連産業への帰郷者や移住者の新規参入 ・市内への大学誘致計画の進展 ・興味や関心の多様化に伴うニューツーリズムが重要視される風潮	・観光事業者の高齢化と後継者不足 ・近隣観光地における宿泊施設の充実

ちの弱み

・Opportunity（外部環境・プラス要因）＝機会

・Threat（外部環境・マイナス要因）＝脅威

となります。

ここまで分析してきた要素をこのフレームに落とし込むことで、さらなる改善点やリスクを分析しながら、これから取るべき戦略を決めていくことになります。

【SWOT分析を使ってみよう】

ＳＷＯＴそれぞれに当てはめていく項目は、これまでの分析から出てきた要素です。すでに地域の持っている優位性や強みをもとに、何を顧客に提供するか、そして顧客目線で検証してみてどうかまでがわかっています。

最終的にＳＷＯＴ分析を使うことで、自分たちの地域が持っている強みに対する脅威、弱みを挽回できるかもしれない機会などがわかります。特に、現時点で考えた戦略が、今後の社会やマーケットの変化によってどんな影響を受けるかも、事前に整理

図表19　「SWOT分析」書き込みシート

強み Strength	弱み Weakness
機会 Opportunity	脅威 Threat

図表20　クロスSWOT分析

		内部環境	
		強み Strength	弱み Weakness
外部環境	機会 Opportunity	**強み × 機会** 強みを生かして機会創出を狙う	**弱み × 機会** 弱みを改善・強化し機会創出を狙う
	脅威 Threat	**強み × 脅威** 強みを生かして脅威やリスクを回避しつつ機会創出も狙う	**弱み × 脅威** 弱みを理解することで脅威を回避してリスクを最小限に抑える

できるようになります。

ここまでの分析で得た皆さんの地域の要素を、ＳＷＯＴそれぞれに分類してみましょう。

そのあとは、「クロスＳＷＯＴ分析」と呼ばれる分析手法で、実際に戦略に落とし込むことが一般的です。つまり、

・Ｓ（強み）×Ｏ（機会）＝ＳＯ戦略
……自分たちの強みを活用して機会をつかむ戦略。

・Ｗ（弱み）×Ｏ（機会）＝ＷＯ戦略
……自分たちの弱みを改善して機会をつかむ戦略。

・Ｓ（強み）×Ｔ（脅威）＝ＳＴ戦略
……自分たちの強みを活用し脅威を避ける

図表21 「クロスSWOT分析」事例～北陸地方のある都市～

外部環境＼内部環境	強み Strength	弱み Weakness
機会 Opportunity	**強み×機会** ・ロケ地に関する積極的な情報発信で聖地巡礼化を目指す ・スポーツフィールドにスポーツ以外のイベントを企画 ・民泊など宿泊施設を増やして受け入れ増を図る	**弱み×機会** ・DX推進事業者の取り組みを積極的に支援する ・空き家を活用したゲストハウスの整備 ・交通の不便さをあえてPRすることで「秘境感」を演出
脅威 Threat	**強み×脅威** ・地域の素の姿に触れられるような交流機会を増やす ・オフシーズンにおけるスキー場の利活用を推進 ・宿泊施設のワーケーション利用への取り組みや滞在型コンテンツの開発に取り組む事業者を支援	**弱み×脅威** ・地域資源を維持、継承する活動を体験型コンテンツとして提供することで人手不足を補う ・「わが町」の気さくなおもてなしと居心地のよい静かな環境をさらに深掘りし、リピーター増を目指す

戦略。

・W（弱み）×T（脅威）＝WT戦略

……自分たちの弱みを認識し脅威を最小化する戦略。

といった掛け合わせです。

今まで分析してきた要素が、「実際にこれから何をすべきか」という文脈にできたなら、ひとまずこの章の目的は達成されたことになります。

【SWOT分析活用のポイント】

この章で説明した手法で皆さんも分析をされたと思います。それ自体とても大変かつ有意義な過程ですが、その一方で、残念ながら「分析しただけで満足」してしまうパターンも多いと感じます。

せっかく分析したのなら、それを生かしてどう戦略化し、実際に使っていくかが大切です。

その点、SWOT分析はシンプルながらとても優れていて、長年使われている手法です。くれぐれも攻め一辺倒にならず、リスクを最小限に抑える慎重さを頭の片隅に入れながら戦略を練っていきましょう。

分析で見えてくる、日本の地域と欧米富裕層のすれ違い

地域の特色に応じて、さまざまな戦略が作成できたと思います。私も各地域の戦略を学んだり、またそれぞれの地域で起きている出来事を勝手に分析したりしていますが、特に欧米富裕層を誘客する戦略を考える際、頻繁に感じる戦略のずれ、あるいはお互いのすれ違いを、いくつか紹介しておきたいと思います。

▼ハブとしての宿泊施設の重要性を認識していない

どんなに魅力のあるコンテンツがあって、欧米富裕層に魅力を感じてもらえる可能性があったとしても、旅行の核となるのはどうしても宿泊施設となるのは避けられません。富裕層が好む、あるいはDMCや海外の旅行会社が富裕層に自信を持ってすす

められる宿泊施設の存在を無視すると、ほかでいかに魅力を高めても消費額の大きな伸びは期待しにくく、日帰りの観光先になるのがせいぜいです。

▼文化の理解は想像以上に難しい

私たちは富裕層を含む外国人に、日本の文化を紹介したいと考えますし、実際遠く日本の地方にまでやってくる外国人が、一定程度日本文化に関心を持っていることは間違いありません。それだけ、日本の文化には魅力があります。

ただ同時に、異文化を説明することはとても難しいものです。内容面で難しいだけでなく、どこまで説明するべきなのか、どのくらいの分量でパッケージを作るのかのさじ加減も容易ではありません。少なすぎれば不満でしょうし、かといって日本人の歴史好きの人に供給するような量では、飽きられてしまうからです。

こういうものの言い方は語弊があるかもしれませんが、かなり教養のある欧米富裕層でも、神社と寺院の区別がつかない人は珍しくありません。全体的な雰囲気として日本的なものを感じてもらう分にはいいのですが、神社、寺院ばかりを回ってもらっても、その背景や意義がわからなければ退屈させてしまいかねません。

また、日本旅行のリピーターであれば、ほぼ誰でも一度は京都や奈良観光を経験していますので、よかれと思っておすすめした神社や寺院が、彼らにとっては「どこかで見たもの」と受け取られてしまうかもしれません。

▼自然の理解は比較的易しい

その一方で、日本の地域観光で相対的に日本人から見落とされがちなのは、自然を活用したコンテンツ作りです。なぜなのかははっきりわからないのですが、日本人は観光資源としての日本の自然を、あまり重視していないように感じます。

わかりやすく述べるなら、サムライやニンジャはかろうじて知っている人でも、日本の戦国時代や幕末に詳しいとは限りません。一方、素晴らしい自然環境は、世界どこの人にとっても直感的に理解しやすいですし、それらを活用したアクティビティへの反応もポジティブです。日本の観光産業では、自然は子ども向け、ファミリー向け、あるいは好きな人に向けてのコンテンツと思われがちですが、瀬戸内の自然に魅せられる欧米富裕層の様子を見ていると、日本の自然は日本人にこそ過小評価されているように感じます。

そもそも2週間を超える長い旅程でやってきている欧米人は、毎日ぎっしり予定を詰め込んだような行動パターンを必ずしも好みません。反対に、できる限りゆっくり、リラックスしたいと考えている人は確実に存在します。

また、日本は人口が多く、高度に発展している先進国ですが、欧米人はいい意味で、日本の空気が爽やかで清潔なことに驚きます。東アジアというと、ごみごみしたところにたくさんの人が集まっているイメージを抱かれやすいのですが、実際に来てみたらいい意味で裏切られるのです。

豊富な自然体験とリッチな観光施設だけで富裕層の誘客に成功している地域がすでに現れ始めています。長野県の木曽地方の「Zenagi《ゼナギ》」は、1日1組しか受けない超高級のプライベート型宿泊施設ですが、専門家がガイドをしてくれる多数のオプションを用意していて、英語にも完全に対応しているため、私たちも自信を持って送客できる状況になっています。なかでも人気なのは、オリンピック出場選手が教えてくれるカヌーや、川に浮かぶ「シャワークライミング」、パラグライディングなどの自然体験です。

日本人の観光客なら高速道路でやってきて日帰りしてしまうような地域でも、日本の地域を満喫しながら自然を味わう体験として戦略化することで、富裕層をしっかり誘客できるわけです。先日、私たちが手配したお客さまは、箱根から木曽へとヘリコプターで飛び、そのあとはヘリと飛行機を乗り継いで宮古島へと移動されていました。もちろん「超」のつく富裕層ですが、この3カ所を巡るということは、旅程を組む段階で地域による日本の自然の細かい違いを説明されて納得し、期待してくれていることになります。

日本の自然は、やり方によっては過疎地域であっても誘客できるポテンシャルに満ちているというわけです。自然をよりコンテンツとして重視し、戦略作りのコアバリューに据えることを、ぜひ検討してみてください。

戦略を作ったら「もまれる」ことが大切

これは、マーケティング分析と戦略作りの一般的なアドバイスになるかもしれませんが、一度で完璧な戦略が完成することはまれですし、情報収集が足りなかったり、分析が深まらなかったりすることはよくある話です。

また、一度作り上げた戦略も、状況の変化に応じて検証、改善することが大切です。きっとこの本を読まれている方は、地域の観光経済を発展させるために何とか富裕層を誘客したい一心でがんばっていらっしゃるものと想像します。その際、地域ならではの強固な人間関係やつながりが有利に働くこともあれば、場合によってはなかなか突破できない壁のような存在になることも考えられます。

特に若い担当者の方には、戦略を作ったら、あるいは作りたければ、外部の人のアドバイスをできるだけ受けることをおすすめしています。

同じ組織の内部だけではなく、外部の視点を取り入れることがポイントです。公的セクターと民間、観光コンテンツと宿泊業界、観光業界とそれ以外の業界、もちろん、私たちのように誘客をしたいと考えている地域外の観光ビジネスの関係者も対象になるでしょう。どこかの段階でプレスツアーのようなものを開催し、実際にプロの目で地域の観光コンテンツや戦略を体感してもらうことが肝要です。

おすすめしたいのは、各地の公立学校に招かれて語学指導などを行っている外国人の若い方たち、いわゆる「JETプログラム（語学指導等を行う外国青年招致事業）」で地域に住んでいる方に加わってもらい、地域の魅力発見から分析までの意見をもらう方法です。彼らは富裕層ではないとしても、当該地域に住んでいること、そしてもともとは欧米圏がふるさとであることを考えると、新しい視点を教えてくれるかもしれません。

こうしてできるだけたくさんの人の目に触れ、いろいろな視点が入っているほうが分析は深まります。また、せっかく戦略を作るのであれば、ステークホルダーに期待され、地域をできるだけ全体的に巻き込むようなものであったほうがいいでしょう。

私ならば、欧米人や富裕層をよく知る立場としてアドバイスをするつもりですし、分析が深まらない、あるいは要素は集まっても戦略が見えてこない、といった相談にも応じられます。というより、初めてマーケティング分析をする場合、なかなか戦略にまで落とし込めないことは珍しくありません。

だからと言って、そこに至るまでのさまざまな分析が無駄になるかと言えば、そんなことは絶対にありません。戦略を立てるために考え、分析のために集めたエビデンスだけでも、今後の大きな材料になるからです。

マーケティングを学んだ人間として、地域の皆さんに一つアドバイスをするなら、分析や戦略を考える際、目の前の短期的な視点で行うのか、3~5年先の中期的な視点なのかは、分けて考えて取り組んでもかまわないと思います。今すべきことと、より理想的な条件に近づいた数年後の戦略がずれていても気にしなくていいと思います。

そして、作る戦略を実効性の伴うものにするには、特に地域の場合、キーマンや実力者を上手に巻き込んでいくことが欠かせません。

せっかく正しいほうに向かっていても、決して広くない地域社会の中で、戦略が本質的ではない理由で潰されてしまう例は少なくありません。

そこを切り開けるのは、若い世代ではないでしょうか。すでに日本の多くの地域が抱えている問題を認識しています。その中に残されている色濃い人間関係は、使い方によっては地域全体のポテンシャルを一気に強化する強みにできるかもしれません。

マーケティング戦略、おすすめの入門書

この本で説明できる内容は限られていますが、もしもマーケティング分析自体に興味が湧いた方、あるいは、より深い分析のために学びたいという方に、何冊かおすすめの書籍をご紹介します。

・『コトラー&ケラーのマーケティング・マネジメント』(ケビン・レーン・ケラー、フィリップ・コトラー著　丸善出版)

マーケティングの基本のすべてがまとまっている本。さまざまなマーケティング用語がそこかしこに飛び交っているが、「マーケティング」の本質を頭の中で整理整頓できる。また、マーケティング戦略を作る際にどのような流れで作るのか、各行程での注意点などを理解できる一冊。

・「ランチェスター戦略」関連の書籍

ランチェスター戦略の概論は、企業規模を問わず知っておいたほうが実務につながりやすいのでおすすめ。インバウンドにおいては、コアバリューをどう設定し、どう生かしていくのかなど、参考になる内容がある。

・「ポジショニング戦略」関連の書籍

他地域や他社の商品やサービスと、自分たちの商品やサービスをどのように比較すべきなのか、自分たちの立ち位置がどこなのか、ターゲットの心をつかむのか、などを分析し、戦略を作る上で必須な本。プロダクトアウトになりがちな考えから、マーケットインの視点にしていく過程で役に立つ。

・**『たった一人の分析から事業は成長する 実践 顧客起点マーケティング』（西口一希著　翔泳社）**

始めてみたことが、なかなかうまくいかないのは、「机上の空論を展開している」のが原因で、N1（たった一人の顧客）の声にしっかり耳を傾けることが重要だとわかる。とはいえ、人は自身のインサイトを適切に説明できないため、本書には、N1自身も気づいていないニーズをどうやって引き出しながら、アイデアを生み出せばよいのかについてのコツも記載されている。

・**『Airbnb Story 大胆なアイデアを生み、困難を乗り越え、超人気サービスをつくる方法』（リー・ギャラガー著　日経BP社）**

サービスを作る際の熱狂や、超泥臭く死にかけながらも事業を成長させていく過程を追体験できる。まさに今、事業の立ち上げを考え中の人や、立ち上げたばかりの人などが抱きがちなキラキラ思考をいったんリセットするためにもおすすめ。泥臭い創業ストーリーを通じて、成功は「想像・設計・計画」だけではつかめず、ひたすらしぶとく現場で頑張る必要があることがよくわかる。

第 5 章

実例で学ぶ
富裕層インバウンド
マーケティング

世界遺産があれば安泰？　それぞれの地域の課題と戦略

最後となるこの章では、私が見聞きしてきたさまざまな実例を通して、欧米富裕層の誘客に成功してきた日本の地域の、当初の難しい状況を挽回したケース、そして私たちが学ぶべき失敗を、それぞれ深掘りしていきたいと思います。

▼事例①……飛騨高山

まずは、飛騨高山です。富裕層を中心とした欧米人を案内している私たちにとって、東京～京都の間でどこかに立ち寄ってみたいという方々におすすめしやすい地域としてまず思いつくのは、高山と金沢です。あるいは、もっと広い意味で、「日本のおすすめの地方」として、両者はかなり上位に挙がります。

ところで、日本人が国内旅行をする際の目的地として両者を比較すると、「江戸時代の情緒を色濃く残す『小京都』」としての高山も有名ではありますが、恐らく金沢の人気のほうが高いのではないでしょうか。

ところが、意外なことに、欧米人にとっては、金沢よりも高山の認知度のほうが高いのです。もちろん、新幹線の開通もあって金沢に対する問い合わせも年々増えてい

岐阜県大野郡白川村の合掌造り集落

ますが、高山は「大都市圏から離れた地域でインバウンド戦略に成功した元祖」といえるようです。

まず、高山成功の最大の理由としては、「本気で」かつ「長期間」インバウンドの誘客に取り組んできたことが挙げられます。

その助けとなったのは、写真一枚だけでもその魅力が伝わる白川郷・五箇山の合掌造り集落の世界遺産登録（1995年）で、高山が宿泊の拠点として有利な立場になったのは間違いないのですが、実は高山はそれ以前の80年代から、外国人観光客をいかに受け入れていくかを考えていたのです。

地元で対策を打ち、東京でも各国大使館や旅行業界を回って魅力のアピールを続けてきました。今では信じられないことですが、80年代当時の日本を観光している外国人のほとんどは、欧米系でした。というのも、東アジアや東南アジアの人たちには、まだそこまでの経済的余裕はなかったからです。こうして高山の戦略は、当初から英語話者を中心とした欧米系がターゲットになっていたのです。

パンフレットや案内板などを多言語化するだけでなく、観光客と接する民間企業に対して地道に語学を含めた研修を続け、企業や市民もまた、それに応えてきました。

そのかいもあって、現時点では交通の面でアクセスしにくい地域であるにもかかわらず、高山や飛騨地域を指名する欧米人は少なくありません。

高山を訪れる欧米人は、2泊ないし3泊するイメージです。高山市内と白川郷を見るだけでも十分満足感を得られるわけですが、その一方で高山のインバウンドもオーバーツーリズムの問題を抱えていることは否めません。美しい昔の町並みを保っている旧市街は決して広くなく、日本人観光客も加わる時期ともなると人が集中して、まるで原宿の竹下通りのような様相を呈してしまうこともあります。食事を摂るのにも、場合によっては時間がかかります。

多くの観光客で賑わう高山の古い町並み（写真提供：PIXTA）

そこで高山、そして飛騨地域全体に、せっかく来てくれた観光客を分散させる取り組みが、より広域的に行われつつあります。

高山のさらに北に位置する古川には、高山のような目を引く文化財などはない代わり、「本物の日本の里山」がそのまま残っていて、自然を生かした体験型のコンテンツが近年充実しつつあります。繁華街と化しつつある高山の混雑に疲れてしまった人でも、わずかな移動で新しい体験を味わうことができます。

さらに、奥飛騨温泉や下呂温泉は高山市内から1時間で移動できる距離にあるため、移動手段の手配さえできれば、むしろ温泉をベースにリラックスしながら飛騨各所を回るというオプションがとれることになります。

飛騨地域のいいところは、高山と合掌造り集落の集客力を、面的に、横に伸ばしていく努力にあると見ています。そして、一見日本人観光客には退屈で平凡にさえ映る田舎の光景が、外国人観光客には「すぐ近くで体験できる日本のリアルな地方滞在」となり、滞在期間や消費額を増やしながらオーバーツーリズムを緩和する方向に昇華されている点が、大いに参考になります。オーバーツーリズムに悩む自治体と、その近辺にあって観光客を増やしたい自治体は、協力体制を取りやすいとも言えるでしょう。

▼事例②……熊野古道（田辺市熊野ツーリズムビューロー）

2004年に世界遺産に登録された熊野古道は、高野山周辺と並び、紀伊半島・和歌山県屈指の観光コンテンツです。

日本の自然をトレッキングしたいという需要はそれ自体が高いのですが、熊野古道には、「歩く」というスポーツ、健康の要素と、「宗教」という要素が組み合わさっているのが、実は欧米人にとても響くテーマです。スペインのサンティアゴ・デ・コンポステーラの巡礼路はよく知られていますが、ほかにもヨーロッパ各地にこうした宗教とウォーキング、トレッキングが組み合わさっているものがあるため、概念として受け入れやすいわけです。

日本人にとっては歴史の中の話、あるいは厳しい修行のための修験道のようなイメージだったものが、地域の方たちによって、まさにサンティアゴ・デ・コンポステーラの巡礼をモデルにさまざまな整備や魅力のアピールが行われ、今に至るまで誘客に成功しています。途中で出合う日本の原風景も好評です。

私は、インバウンドが閉ざされていた2021年に、関係者向けのツアーで熊野古道を体験してみました。宿泊施設は5つ星の外資系ホテルなどではなく、数部屋規模の民宿でしたが、とてもきれいに整備されていて料理もおいしく、応対もフレンドリーで、熊野古道の魅力を知った上でやってくる人であれば、欧米富裕層にも十分におすすめできるレベルでした。

私がたどったのは中辺路《なかへち》という、熊野古道で最もメジャーなルートですが、こうした民宿が点々と存在しているため、単に歩く以上の付加価値も十分に味わえるわけです。

熊野古道には、伊勢路、紀伊路、小辺路、中辺路、大辺路などいくつかのルートがあり、そのすべてが熊野本宮へつながっている

ただ、このように整備されるまでには、いろいろな「回り道」があったことも事実だと言います。

世界遺産に登録され、需要が急増すると想定した段階では、団体客中心の国内観光客を受け入れる以外のノウハウやデータもない中、地域外の旅行代理店の送客に依存した結果、想定ほど誘客もできず、せっかく来訪した観光客にも細かい対応ができず、かえって評判を落としてしまった時期があったのです。

トレッキング旅行やハイキング旅行というのは、上級者向けになるほど専門性が高く、宿泊施設の間で観光客の荷物を運ぶロジスティクスが必要になります。

また、この地域はもともとメジャーな観光地ではなかったために、地域外の企業との取引を敬遠したり、地域内でのつながりや観光ビジネスとしての盛り上がりを作れなかったりした点も、重い課題として浮上しました。

海外ならば、トレッキングやハイキング専門の旅行会社というのも存在し、独自のノウハウやネットワークを持っています。私たちが扱うような富裕層ルートも大切ですし、もちろん、トレッキングという目的がはっきりしている旅行なら個人で手配することもあります。

そこに市町村合併という契機もあって、2006年、新たに「田辺市熊野ツーリズムビューロー」というDMOが設立され、独自の観光コンテンツ開発と、富裕層を含む海外観光客への直接販売への道が開けたのです。

そして、荷物のロジスティクスや食、宿泊の整備などに自ら乗り出し、地元の住民や民間企業を説得しながら束ね、熊野古道のトレッキングを成立させることができました。つまり、私が体験する10年以上も前から努力を重ねていたわけです。

その後DMOは法人化し、旅行業の登録も行って、手配やお金のやりとりまで関与しながら、その一方で私たちを含む世界の旅行ビジネス業界と取引もしています。

保守的な地域で、個々の業者にはノウハウがなくても、地元の公的セクターが積極的に仲介することで、一体感を持った観光開発による魅力を海外の観光客にもアピールできる仕組みになっています。

この地域も厳しい過疎のさなかにありますが、そのままでは廃屋になりかねない空き家を宿泊施設に改装してキャッシュフローを生み出すという新しい動きも出始めていて、地域の人々自身による地元の課題発見、解決と、観光コンテンツ開発を同時に行えている好例となりつつあります。

同時に、まだ解決できていない課題もあるといいます。熊野古道や、よく似たコンテンツである高野山が有名になる一方で、長年国内の観光客に頼ってきたほかの有名観光地、たとえば白浜や勝浦などへの横の展開は、熊野古道そのものが数泊を必要とするためなのか、なかなか容易ではないようです。同時に、熊野古道自体もやはりオーバーツーリズムの流れと無縁ではありません。

熊野古道に関心を持つ人たちに対して、いかにより広い地域の魅力をアピールし、誘客していくかが今後の大きな課題になりそうです。

▼事例③……石見銀山

島根県の石見《いわみ》銀山も、やはり2007年に世界遺産に登録され、にわかに大きな注目を浴びました。

石見銀山は、世界遺産に登録される前から貴重な観光資源で、地域の方々の協力で整備、保存がなされていたのですが、観光地としての知名度はそこまで高くはなく、まして地理的条件の制約もあるため、地元の住民や企業が、本当に石見地域が好きな、あるいは銀山の歴史に関心がある観光客を相手に、いわば穏やかな規模でビジネスを続けてきたわけです。

もちろん、保存や整備のかいがあってこその世界遺産への登録実現でしたが、ニュースなどをきっかけに、それまでとは桁違いの観光客がどっと押し寄せるようになりました。

突然人流が増加して賑わいを呈したことはよかったものの、もともと宿泊施設も、飲食店も少ない地域のため、一挙に観光客数が増えても地元にお金が落ちにくい構造でした。そして、なかには突然の環境変化をよく思わない住民も多かったのです。

しかも、ブームはあくまで一時的でした。

島根県大田市にある石見銀山の坑道跡につながる大森の町並み（写真提供：PIXTA）

そこで地域では、「あえてたくさんの観光客を集めようとはしない」方向で意思を統一したのです。

石見銀山へ向かう駐車場をわざと遠くに作り、「不便」にしました。もともと駐車場や施設がないのは「弱み」と分析できるわけですが、それを「強み」に変える戦略がとりにくい以上、あえて一見《いちげん》の観光客を集める方向へは進まず、本当に石見や石見銀山をひいきにしてくれる人だけをターゲットにして、ガイドを充実させながら大切に扱うことにした結果、オーバーツーリズムとも無縁の状況を作り上げています。

私は、この地域で伝統的なものづくりを生かしながら、現代の生活に役立つさまざまな衣料品や日用品を手がけ、地域で古民家を改装した宿泊施設や飲食店を経営している「群言堂」の松場忠さんにお話を伺ったことがあります。

地域に暮らしてきた人たちが、自分たちの生活を維持しつつ、少ない人数でも丁寧な対応ができるバランスを保ちながら、少しずつ観光客1人当たりの消費額を増やしていくことを目指しているといいます。

同社が手がける古民家を改装した宿泊施設「暮らす宿　他郷阿部家《たきょうあべけ》」は、普段の住民の暮らしに関われる、あるいはあたかも住民として暮らしているかのように泊まれることがコンセプトです。食事も店主や地元の人たちと一緒で、もちろんコミュニケーションも生まれます。

宿泊単価は数万円～10万円ほどで、このコンセプトに共感できる人だけが宿泊することになります。外国人観光客にとっても、忘れられない時間になりそうです。

戦略として、あえてどんどん稼ぐ方向に行かないことも当然あり得ます。そこに暮らす人の生活があってこその観光コンテンツ開発だからです。あるいは、地域の魅力の見せ方については大いに工夫をするべきですが、その結果、地域の魅力そのものに影響を与えてしまっては問題が起こってしまうかもしれません。

京都府の丹後半島にある、伊根の舟屋。1階がガレージで、2階が居住スペースになっている（写真提供：PIXTA）

丁寧な説明を受け入れてくれる方だけに、精一杯心を込めた高付加価値サービスを提供するというのも、地域の実情にマッチしている戦略になり得るのです。

よく似た事例としては、舟屋で有名な京都府与謝郡の伊根町があります。観光客の私有地無断立ち入りなどに苦しんでいましたが、ここにきて町の作るルールやマナーを理解し、舟屋を活用した宿泊施設を利用してくれた観光客を優遇して、特別な体験を提供する方針を採り始め、注目されています。

今まさにポテンシャルを感じる取り組みとは?

▼事例④……富山市・岩瀬エリア

続いて、今まさに取り組みや挑戦が行われていて、今後の動向が注目される地域をご紹介します。

まず、富山市の北部、海に面している岩瀬エリアでの取り組みです。

富山県は前述の世界遺産・五箇山を抱えているほか、立山黒部など、欧米富裕層も含め、日本の自然に関心がある観光客にはアピールできる要素が少なくありません。高山や白川郷とも十分に行き来が可能です。そして、北陸新幹線も開通して東京からのアクセスも飛躍的に改善されました。

その一方で、周囲に高山と金沢という「強者」がいるためか、富山湾の海の幸に代表される食などの面で優位性があるにもかかわらず、富山県は素通りされてしまい、宿泊を含めた滞在や消費がなかなか伸びにくいという課題がありました。

富山市の北部、海に近い岩瀬エリアは、もともと北前船の寄港地として大いに栄え、古い町並みが残っています。しかし、観光客の動線からは外れているため、観光開発はあまり進んでいませんでした。

そこに、同地の日本酒「満寿泉《ますいずみ》」の蔵元・桝田酒造店社長の桝田隆一郎社長が、自らのリスクで積極投資を開始し、注目されています。

まず、自社の日本酒を100種類以上も味わえるお店を出店し、地元の食材を中心に使って、地酒に合う料理を提供するレストランも複数できました。しかも、なかにはミシュランガイドで星を獲得しているシェフも含まれ、和食、寿司、フレンチなど複数の店舗が展開されています。お店は伝統的な建築を改装したもので、独特の雰囲気があります。

さらに、陶芸やガラス工芸などのアトリエもあり、レストランで使われている食器を買い求めることもできます。

岩瀬エリアは、散策に向いている地域ですが、富山市の中心部からのアクセスが容易であることから、かえってなかなか消費には結びつきにくい面があると思います。

もしも今後さらに盛り上がりを見せ、富裕層にも対応できるような宿泊施設もできるとなると、むしろ岩瀬エリアに宿泊すること自体が目的となり、ここを拠点にほかの観光コンテンツを体験するという「逆転」も起きるかもしれません。

今まさに現在進行形で動いている状況ですので、ほかの地域の方にも大いに参考になるのではないでしょうか。

▼事例⑤……石川県・小松エリア

続いてもう一つ、北陸エリアで今後のポテンシャルを感じるのは、石川県小松市周辺のエリアです。

小松と聞くと、どうしても空港のイメージが強く、金沢や福井へ行く際の通過点という認識でしたが、北陸新幹線が福井の敦賀《つるが》まで開通し、小松にも駅ができたことで、金沢や加賀温泉などの既存の観光コンテンツとの相乗効果が生まれるかが注目です。

そんな中、小松エリアを最終目的地としたくなる施設があります。90年代にいわゆる「吟醸酒」や「山廃仕込み」のブームを作るきっかけとなった、「能登杜氏四天王」の一人とされる農口尚彦氏は、恐らく日本で最も名を知られている杜氏の一人でしょう。引退と復活を繰り返していた農口さんが、2017年、84歳の時点で小松に立ち上げたのがこの本の冒頭でも触れた「農口尚彦研究所」という名の酒造企業です。現在92歳となった農口さんですが、今も現役で酒造りに取り組んでいらっしゃいます。

少し前、農口さんとお話をさせていただく機会があり、観光ビジネスや日本酒文化以前の話として、なぜ今でもこんなに頑張ることができるのか、今どんな目標をお持ちなのか、生意気にも質問してみました。

農口さんの答えはとてもシンプルで、

「日本酒をもっともっと世界に広めたいから」

でした。だからなのか……と、しびれるものがありましたが、農口さんはお酒を召し上がらないというから、さらに驚きです。

食や酒は、世界のどこでも見られる文化であり、富裕層の関心も高いわけですが、前述の通り日本の蔵元が観光客を受け入れる際は、日本の酒造文化の奥深さに対する説明や、豊かな雰囲気の中で試飲したり、料理との組み合わせを考えたりする楽しさがどうしても不足しているのが残念でした。日本酒にそうした流れが向いていないということは決してありません。

同社は、テーブルワインのように日本酒が日々の食生活の中に取り入れられるような文化の実現を目指して、すでに30カ国近くに輸出を始めているほか、外国人観光客を含め、日本酒に親しんでもらうためのさまざまな仕掛けを行っています。

その場に立って紙コップで試飲するようなスタイルではなく、茶室をイメージした部屋に美しいカウンターを置いたテイスティングルーム「杜庵」を設け、欧米のワインセラーも顔負けの、それでいて実に現代の日本らしい楽しみ方ができるようになっています。

さらに、農口尚彦研究所の敷地に隣接していた小学校が廃校になったことを受け、地元小松市と企業の連携により、その廃校をレストラン・カフェと宿泊施設を併設した「オーベルジュ オーフ」として再生しました。料理には農口尚彦研究所の仕込み水や麹を使っていて、相乗効果も高くなっています。

また、小松市の周辺には九谷焼の素晴らしい窯元も複数存在し、酒器の買い物や、陶芸の体験などをセットすることもできるようになっています。

有名な杜氏の終わりなき挑戦を軸とした地域の観光コンテンツとして、注目度も満足度も高いと感じます。日本酒に関心がある富裕層に、小松周辺は、自信を持っておすすめできるエリアとなりつつあります。

石川県小松市観音下町（かながそまち）にある農口尚彦研究所

日本酒を世界に広めるべく、90代となっても杜氏として活躍する農口尚彦氏

農口尚彦研究所の敷地にあった廃校を改装し、2022年7月にオープンした「オーベルジュ オーフ」

▼事例⑥……瀬戸内エリア

もう一つは、私も「せとうちDMO」のお手伝いをしていた瀬戸内エリアでのさまざまな取り組みです。

この本でも紹介してきた通り、直島周辺のアート関連、そして嚴島神社と平和記念公園（原爆ドーム）の世界遺産がある広島を軸に、インバウンド再開後、瀬戸内地域の注目度はますます高くなっています。ゴールデンルートの延長として地理的条件の有利さがある一方で、瀬戸内の魅力に気づいた富裕層や観光客ができるだけ長く留《とど》まって、消費額を増やしていけるような取り組みがあちこちで見られます。

広島市でサイクリングツアーを実施している「sokoiko!」は、富裕層に限らず、近年トリップアドバイザーなどでも高い評価を受けている注目のコンテンツです。

広島市は、言うまでもなく人類史上、初めて原子爆弾が投下された都市ですが、原爆ドームや平和記念公園、資料館の見学のみだと、目の前に広がる現代の発展した広島市とはどうしても乖離《かいり》があり、その間のストーリーがつながりにくいという声もあります。また、「平和学習」というと基本的には核兵器による破壊に関する解説が多くなるのに対して、外国人の中には、その後の復興と発展についても知りたい人が意外に多いのです。

一方、レンタサイクルに代表される自転車を用いた観光は、それ自体に人気があります。健康にもよく、街との一体感も味わえます。

これらのニーズを、「sokoiko!」の企画しているツアーはうまく組み合わせています。自転車に乗ってまるで街の一員になったかのような感覚を得ながら、地元をよく知る専門ガイドとともに街を回り、通常の平和学習ではあまり触れられないスポットを訪れて被爆当時と現在を比較し、その間にあったストーリーを聞くことができます。

広島市には路面電車がたくさん走っていますが、被爆した電車が現在でも運行されていて、このツアーでは自転車で車庫を訪問し、当時から現在に至るビハインドを聞くことができるようになっています。

こうして、単なるサイクリングでも、単なる歴史の学びだけでもない、街のストーリーをその場で体感できる仕組みになっているわけです。地元の人が持っている感覚を少しでも共有でき、インターネット検索ではなかなか知り得ない情報を得ることで、参加者の満足度が高くなるのもうなずけます。

こうした、「楽しい体験」と「地元の人しか知らない情報」といった別々の価値を組み合わせた方法は、いろいろな地域で観光コンテンツ開発の参考になるのではないでしょうか。

次は、岡山県の宇野で運営されている「瀬戸内ヨットチャーター」という取り組みです。「宇野港土地」という地元の企業によるプロジェクトです。

瀬戸内海には、直島をはじめ魅力的な島が多数あります。その一方で、島だけに交通手段は船が基本となりますし、たとえ小さな島に滞在したくても、ホテルは不足気味で、キャンプ以外の選択肢がなかなか採りづらかったりもします。

そこで同社は、岡山・宇野港をベースに、直島をはじめ、周辺の豊島《てしま》、犬島、男木《おぎ》島《じま》、女木島《めぎじま》や、対岸の四国・高松を、観光客のリクエストに応じてアレンジしながらヨットをチャーターできる仕組みを構築しています。また同社で無人島（ＫＵＪＩＲＡ-ＪＩＭＡ）を購入し、グランピングのための施設として運営もしています。

島に渡るため、あるいは島同士を行き来するのも、島には行かず瀬戸内海をクルーズするのも、顧客の思い通りにデザインできます。つまり、移動にも、探検的な目的にも、そしてパーティーやリラックスのための用途にも使えます。しかも、使用する

ヨットで瀬戸内海の島々を巡る旅が味わえる「瀬戸内ヨットチャーター」ではオプションで食事を楽しむこともできる

ヨットによってはそのまま宿泊することもできるため、事実上「動くホテル」としても運用することができます。また同社では、乗船の起点となる宇野港にもホテルや温浴施設を新たに開業しています。

瀬戸内の魅力をどう感じるかは富裕層も人それぞれですが、さまざまなリクエストに対して柔軟に対応できるため、おすすめしやすくなっています。

観光コンテンツ開発の学びとしては、日本人の発想ではなかなか思いつかないヨットを使った運用もさることながら、港という従来からあるインフラを再利用し、新しい活用方法を通じて富裕層に訴求していることは注目してほしいところです。

かつて本州と四国を結ぶ重要な拠点だった宇野港は、瀬戸大橋開通の影響を大きく受けた地域でしたが、新幹線や空港のある岡山と直島周辺の間にあることを利用したアイデアは素晴らしいと感じます。

最後に紹介するのは、広島県尾道市近郊を拠点としている「guntû《ガンツウ》」というクルーズ船です。

これは、「せとうちクルーズ」という企業が運営していて、東は小豆島《しょうどしま》近辺から、西は下関に至るまで、瀬戸内のほぼすべてをカバーしているのですが、船がとにかく素晴らしく、すべての客室がスイートでたった19室しかありません。しかも木をふんだんに使用した現代的な高級旅館のコンセプトで、専用の露天風呂か内風呂を完備しています。

料理も、地元の魚を中心とした和食だけでなく、寿司や洋食にも対応しています。ルートは基本的に2泊3日〜3泊4日のツアーとして、1人100万〜300万円前後の旅行代金で提供されています。この時点で基本的には富裕層向けのコンテンツですが、場合によっては貸し切りで使うことも可能です。その場合の予算は数千万円になりますが、超富裕層にとってはむしろ魅力的だと感じます。

個人的には、ゴールデンルートの終わりにある瀬戸内観光ともなると、いい意味で「疲れている」観光客が多いと感じます。東京から京都や大阪を経れば、それなりにエネルギーも使います。もちろん瀬戸内のゆったりとした海と島の景色は休息を感じるのに十分ですが、日程もゆっくり組み、リラックスしたいというニーズも高まるということです。

瀬戸内は、長い間船とともに生活を営み、また船舶を製造したり修繕したりする産業とともにありました。港や船を活用したこうした取り組みは、地域の面的な魅力を増していくという意味でも、大いに注目していただきたいと思います。

失敗に学べることもたくさんある

ここまで、具体的な成功事例や、ポテンシャルを感じる取り組みを紹介しましたが、もちろんうまくいく例ばかりではありません。

失敗を招きやすいパターンも、ここで合わせて紹介しておきたいと思います。

▼世界遺産になれば必ずインバウンド需要が生まれる？

成功事例の吸引力として世界遺産への登録が働いた例をいくつも紹介しましたが、世界遺産登録が、必ず観光客を引きつけるコンテンツになるわけではありません。世界遺産登録をきっかけに大きな観光効果を期待していたものの、期待を大きく下回ったり、すぐにしぼんでしまったりするケースもあります。

あくまでケースバイケースですが、大きく分類すると、世界遺産でも産業にまつわるもの、その国の歴史や文化を深く知っていて初めて理解できるものに対しては、特に外国人観光客が理解することは容易ではないと考えておくことが重要だと思います。

一方、自然に関するもの、そして最近では、合掌造り集落や嚴島神社の大鳥居など、インスタグラムの写真一枚で、言語や文化に関係なく魅力が伝わりやすいものは有力だと言っていいと思います。日本人には少し意外かもしれませんが、2つの世界遺産を擁する広島で、欧米富裕層の需要が高いのは、嚴島神社を擁する宮島です。このあたりは、その国に住む人と観光で訪れる人とで感覚のズレがあるように感じます。

広島県廿日市市にある厳島神社の大鳥居（写真提供：PIXTA）

ある歴史的価値の高い世界遺産を擁する観光地の例を見てみましょう。そこでは、その世界遺産を中心に据えた観光コンテンツ作りを行いました。ホテルを誘致し、ヘリポートも整え、富裕層向けの価格設定で打って出たのですが、私の見る限り、残念ながら欧米富裕層の反応は今一つでした。

日本人の感覚では、確かに世界遺産の価値はあるとはいえ、文化も言語も、そして教養の背景も異なる外国人にとって、直感的に理解することは容易ではありません。もともと関心が高い方ならいいのですが、場合によってはピンときていないまま長時間「退屈な」観光になってしまう可能性もあります。そして最も恐ろしいのは、「つまらなかった」という感想を共有されてしまうことです。

その一方で、世界遺産とは直接関係ない周辺の自然に対して、むしろポジティブに反応しているケースも散見されました。あくまで個人次第とはいえ、外国人にとっては「渋い世界遺産」よりも、日本らしい自然や温泉のほうが魅力的に映る可能性があることも念頭に置いていただきたいと思います。

第4章で見たように、戦略を考える際、いったい何がその地域にとってのコアになるのか、富裕層や外国人の立場になって、深く考えてみることが大切です。

▼濃厚な地縁や地域意識は、プラスにもマイナスにもなり得る

観光コンテンツ作りに邁進している地域の中には、もともとその地域においてさまざまな立場で活動してきた方々がいます。

県庁や市役所、観光協会やDMOなどの公的セクター、経済団体、業界団体、さらに地域に根ざしている企業グループ、そして宿泊や飲食などを個別で営んでいる企業から、交通機関、そして地域住民まで、実にいろいろな方がいます。利害が絡み合っていることも少なくありません。

端《はた》から見ている私の立場では、うまくいっている地域は必ずといっていいほど、地域の人たちが一致団結しているように映ります。より突っ込んだ表現をさせていただくと、「私が責任を持つ」という意志を明確にして、地域の人を率先して束ねていく旗振り役、キーパーソンがいて、カリスマ性を発揮していることが多いのです。

しかもその方が、自分の考えを押し付け、自分の利益を最大化するのではなく、長い目で見た地域の力を伸ばす中長期的な戦略を持っていることが重要です。同時に、今インバウンドに勢いがあり挑戦する価値があること、そして何もしなければ地域の経済力も、そして文化も伝統も失われてしまうかもしれない危機感を持ち、積極的に打って出るポジティブさを持っていることがとても大切です。

残念ながら、地域にはビジネスチャンスがあっても商売っ気をなくしてしまって飛びつけない方、すでに現状で満足しているため危機感を感じていない方、新しい取り組みを面倒だと感じてしまう方が少なくありません。

そうした状況で何らかの動きを見せる人がいると、「出る杭」を打つがごとく、反対し始める人もいます。地縁や人間関係が色濃く、保守的な地域ほど、誰もが「出る杭」になることを嫌がります。この本で紹介してきた通り、今はせっかくのチャンスなのに、実にもったいないことです。

うまくいっている地域では、公職者、市長や県知事クラスの方が動いてくれていま す。そして、そうした中心人物をサポートしている優秀で若いスタッフの方たちが、とてもいい仕事をされています。

地域の色濃い人間関係は、こうしたとき、むしろ大きな強みにもなります。皆さんが同じ目標を共有し、同じ方向を見ている地域には、強みを感じます。

外部のアドバイスを上手に活用してほしい

さまざまな成功事例が出始めたことで、他地域や他国の事例に学びながら、一丸となってインバウンド需要拡大を目指していこうという地域が確実に増えていると感じます。私も、特にコロナ禍後、直接ご連絡をいただき、講演やアドバイスで全国さまざまな地域からお招きをいただき、ともに学んだり、意見を交換させていただいたりする機会が増えました。観光庁を通じてのご縁も増えています。

これは、今のところまったくのウィンウィン、共存共栄となっています。

インバウンド需要がますます増えていて、富裕層観光客からの引き合いも増えている中、平凡な旅行はしたくない、あるいは2度目、3度目なのでより深い体験をしたいというリクエストは着実に増えています。今後はいっそう強まるでしょう。

私たちにとっては、まさに「うれしい悲鳴」で、ひと昔前では考えられなかったビジネスチャンスが広がっています。

一方で、富裕層におすすめできるコンテンツの開発は、正直に言ってなかなか追いついていないのが現実です。そこで、目の前のお客さまをご案内しながら、新しい観光コンテンツを探す取り組みを続けています。

地域で行われている取り組みを拝見すると、実に「惜しい」ケースが少なくありません。なかなかいいコンテンツなのに、何か一つ足りないことで富裕層の誘客が難しくなってしまっているのです。

インバウンドがどんどん伸びている現状では、基本的に誘客したい地域と、誘客を仲介したい私たちを含めた観光ビジネス業界は同じ方向を目指しやすくなっています。同時に、日本人の常識や考え方ではなかなかカバーしきれないポイントを、事前に私たちのような知見を持つ人間がアドバイスさせていただくことで、ノウハウやリソースの配分も含め、勝てる戦略をともに考えていくことができるのではないでしょうか。

私たちも、そして世界中の富裕層も、日本という魅力溢れる国で、さらに観光コンテンツが増えること、「自分だけの日本」を見つけることを望んでいます。

ぜひ、日本のすべての力を合わせて、より魅力的な日本の観光コンテンツを、次々に作っていければと考えています。

おわりに

地域のためになるインバウンドを目指して

インバウンド戦略は、一義的には観光ビジネスを成長させるためにあります。

しかし、本当の目的、あるいはよさは、インバウンドが戦略的に成功することで、日本のそれぞれの地域に残された個性的な文化、伝統、特徴がそのまま保たれることにあると、私は確信しています。

戦略的に考え、見せ方を変えていくことで、地域のよさはそのまま消費につながっていきます。すると、高校を卒業すれば都市部に流出するしかなかった若年層を雇用する機会が生まれます。そして、一度都市部に行ってしまった人たちが戻ってこられる場所も生まれます。

最近では、その地域や文化にすっかりはまり込んでしまい、定住する外国人も現れ始めています。外国人を相手にビジネスを始める人もいれば、日本人の後継者がいない伝統産業の受け継ぎ手になったりするケースもあります。

人の流れが復活し、保たれ、高まっていくことで、地域はそのよさを生かしながら、新しい時代へと向かっていけます。

今までの日本では、工業や商業の面だけで地域経済を考え、どちらかと言えば没個性的になっていくしかありませんでした。

インバウンドは正反対です。もう、「外国人がイメージするわかりやすい日本」に合わせていく必要はありません。反対に、その地域にしかないものにこそ、その地域が大切に守ってきたものにこそ、大きなチャンスになる強みが眠っているのです。

地元の皆さんにとっては、あまりに当たり前すぎて何も感じないものや、もう古びたと考えて魅力を見出せないものでも、第三者の目からは素晴らしいものに映るかもしれません。

まだまだ一歩引いて考えてしまう人、疑心暗鬼の人も少なくありません。まずは頭の中で、戦略的な思考フレームを使いながら、慣れ親しんだ地域を見直してみましょう。

いきなり100点を取れる人はいませんし、今成功しているどの地域にも、試行錯誤の歴史がありました。

さまざまな人の意見を聞き、地域を訪れてくれた観光客のフィードバックを受けながら、改善と試行を重ねることが大切です。まずは、動き出してみてください。

10年後、これまでとは大きく違う地域の姿が、きっと見えてくるはずです。

最後までお読みいただきありがとうございました。どこかでお目にかかる機会がありましたら、ぜひ感想をお聞かせください。

２０２５年１月

ＢＯＪ株式会社 代表取締役　野口貴裕

［著者］
野口貴裕（のぐち・たかひろ）
BOJ株式会社 代表取締役
カナダの高校、大学を卒業。ソニー株式会社に勤務していた際のアメリカ赴任も合わせて計12年間北米に在住。2014年にBOJ株式会社を創業。「まだまだ知られぬ本当の日本の美しさ」の伝道をミッションに欧米豪×富裕層旅行者に対してテーラーメイドで行程作成、送客手配を行う。観光庁や地方自治体、民間企業と連携し、各地で商品開発や販売支援、アドバイザリー業務を行い、地方への送客も精力的に取り組んでいる。また、ワークショップや国内外での講演活動の実績も豊富。

観光庁「地方における高付加価値なインバウンド観光地づくり事業」専門家
観光庁「歴史的資源を活用した観光まちづくり事業」専門家
東京観光財団「富裕層事業（TLA）」アドバイザー／沖縄県「富裕層事業」アドバイザー
等を歴任

なぜあの地域にはラグジュアリー旅行者が訪れるのか
――事例で紐解く高付加価値旅行者誘客のためのマーケティング戦略――

2025年2月25日　第1刷発行

著　者――野口貴裕
発行所――ダイヤモンド社
〒150-8409　東京都渋谷区神宮前6-12-17
https://www.diamond.co.jp/
電話／03･5778･7235（編集）　03･5778･7240（販売）
装丁・本文デザイン―安食正之（北路社）
帯写真――PIXTA
執筆協力――増澤健太郎
編集協力――古村龍也（クリーシー）
本文写真――PIXTA、BOJ株式会社、クリーシー
校正――Letras
DTP制作―伏田光宏（F's factory）
製作進行――ダイヤモンド・グラフィック社
印刷――加藤文明社
製本――本間製本
編集担当――酒巻良江

ISBN 978-4-478-12047-7